对接世界技能大赛技术标准创新系列教材

技工院校一体化课程教学改革汽车维修专业教材

汽车发动机简单故障检修（二）教师用书

人力资源社会保障部教材办公室　组织编写

中国劳动社会保障出版社

内容简介

本套教材为对接世赛标准深化一体化专业课程改革汽车维修专业教材，学习内容对接世赛汽车技术、车身修理、汽车喷漆项目，学习目标融入世赛要求，考核标准对接世赛技能标准，考核评价方法参照世赛评分方案，并设置了世赛知识栏目。

本书为《汽车发动机简单故障检修（二）》的配套教师用书，在《汽车发动机简单故障检修（二）》的基础上增加了引导问题的参考答案，并给出了学习任务设计方案和教学活动策划表，内容丰富、实用，有助于教师更好地开展一体化教学。

图书在版编目（CIP）数据

汽车发动机简单故障检修（二）教师用书 / 人力资源社会保障部教材办公室组织编写 . -- 北京 : 中国劳动社会保障出版社，2022

对接世界技能大赛技术标准创新系列教材　技工院校一体化课程教学改革汽车维修专业教材

ISBN 978-7-5167-5603-4

Ⅰ. ①汽…　Ⅱ. ①人…　Ⅲ. ①汽车 - 发动机 - 车辆修理 - 技工学校 - 教学参考资料　Ⅳ. ①U472.43

中国版本图书馆 CIP 数据核字（2022）第 182631 号

中国劳动社会保障出版社出版发行

（北京市惠新东街 1 号　邮政编码：100029）

*

北京市白帆印务有限公司印刷装订　　新华书店经销

880 毫米 ×1230 毫米　16 开本　14.5 印张　336 千字

2022 年 11 月第 1 版　　2022 年 11 月第 1 次印刷

定价：39.00 元

营销中心电话：400-606-6496

出版社网址：http://www.class.com.cn

http://jg.class.com.cn

版权专有　　侵权必究

如有印装差错，请与本社联系调换：（010）81211666

我社将与版权执法机关配合，大力打击盗印、销售和使用盗版图书活动，敬请广大读者协助举报，经查实将给予举报者奖励。

举报电话：（010）64954652

对接世界技能大赛技术标准创新系列教材

编审委员会

主　任：刘　康

副主任：张　斌　王晓君　刘新昌　冯　政

委　员：王　飞　翟　涛　杨　奕　张　伟　赵庆鹏　姜华平

杜庚星　王鸿飞

汽车维修专业课程改革工作小组

课 改 校：杭州技师学院　重庆五一技师学院

云南交通技师学院　山东工程技师学院　广东省机械技师学院

广州市工贸技师学院　山西交通技师学院　大连交通技师学院

广州市交通技师学院　江苏省盐城技师学院

技术指导：郭七一

编　　辑：马　琳　伍召莉

本书编审人员

主　编：冯兆强

副主编：黄丽文

参　编：刘　文　谭佳庆　梁家荣　李基定

主　审：金君堂

序

世界技能大赛由世界技能组织每两年举办一届，是迄今全球地位最高、规模最大、影响力最广的职业技能竞赛，被誉为“世界技能奥林匹克”。我国于2010年加入世界技能组织，先后参加了五届世界技能大赛，累计取得36金、29银、20铜和58个优胜奖的优异成绩。第46届世界技能大赛将在我国上海举办。2019年9月，习近平总书记对我国选手在第45届世界技能大赛上取得佳绩作出重要指示，并强调，劳动者素质对一个国家、一个民族发展至关重要。技术工人队伍是支撑中国制造、中国创造的重要基础，对推动经济高质量发展具有重要作用。要健全技能人才培养、使用、评价、激励制度，大力发展技工教育，大规模开展职业技能培训，加快培养大批高素质劳动者和技术技能人才。要在全社会弘扬精益求精的工匠精神，激励广大青年走技能成才、技能报国之路。

为充分借鉴世界技能大赛先进理念、技术标准和评价体系，突出“高、精、尖、缺”导向，促进技工教育与世界先进标准接轨，完善我国技能人才培养模式，全面提升技能人才培养质量，人力资源社会保障部于2019年4月启动了世界技能大赛成果转化工作。根据成果转化工作方案，成立了由世界技能大赛中国集训基地、一体化课改学校，以及竞赛项目中国技术指导专家、企业专家、出版集团资深编辑组成的对接世界技能大赛技术标准深化专业课程改革工作小组，按照创新开发新专业、升级改造传统专业、深化一体化专业课程改革三种对接转化原则，以专业培养目标对接职业描述、专业课程对接世界技能标准、课程考核与评价对接评分方案等多种操作模式和路径，同时融入健康与安全、绿色与环保及可持续发展理念，开发与世界技能大赛项目对接的专业人才培养方案、教材及配套教学资源。首批对接 19 个世界技能大赛项目共 12 个专业的成果将于 2020—2021 年陆续出版，主要用于技工院校日常专业教学工作中，充分发挥世界技能大赛成果转化对技工院校技能人才的引领示范作用。在总结经验及调研的基础上选择新的对接项目，陆续启动第二批等世界技能大赛成果转化工作。

希望全国技工院校将对接世界技能大赛技术标准创新系列教材，作为深化专业课程建设、创新人才培养模式、提高人才培养质量的重要抓手，进一步推动教学改革，坚持高端引领，促进内涵发展，提升办学质量，为加快培养高水平的技能人才作出新的更大贡献！

2020年11月

汽车维修专业一体化教学参考书目录（中级阶段）

序号	书名
1	汽车文化（第二版）
2	机械识图（第四版）
3	机械基础（第四版）
4	电工与电子技术基础（第四版）
5	汽车材料（第四版）
6	钳工技能训练（第四版）
7	汽车维修企业管理（第二版）
8	汽车发动机构造与维修（第二版）
9	汽车底盘构造与维修（第二版）
10	汽车电气设备构造与维修（第二版）
11	汽车维护与故障诊断（第三版）
12	汽车构造（第三版）
13	汽车维护
14	汽车空调
15	汽车电气设备（第二版）
16	汽车维修技术手册

汽车发动机简单故障检修对应的学习任务

教材名称	对应的学习任务
汽车发动机简单故障检修（一）	学习任务一　汽车发动机水温高故障检修
	学习任务二　汽车发动机不能启动故障检修
	学习任务三　汽车汽油发动机加速无力故障检修
	学习任务四　汽车柴油发动机加速无力故障检修
汽车发动机简单故障检修（二）	学习任务五　汽车发动机动力不足故障检修
	学习任务六　汽车发动机异响故障检修
	学习任务七　汽车发动机机油警告灯亮故障检修
	学习任务八　汽车发动机故障警告灯亮故障检修

目　　录

学习任务五　汽车发动机动力不足故障检修

学习目标

1. 能描述配气机构的作用、分类、组成及工作原理，明确汽车发动机动力不足故障的检修内容、检修流程及检修方法。

2. 能描述配气正时和配气相位的定义、正时机构的分类及各种分类的优缺点，正确理解配气相位中转角的含义，并能绘制配气相位图。

3. 能正确判断正时机构故障，并能进行正时机构的检查与更换。

4. 能描述凸轮轴的作用和结构，正确判断凸轮轴故障，并能进行凸轮轴的检查与更换。

5. 能描述气缸盖的作用、结构及分类，正确判断气缸盖故障，并能进行气缸盖的检查与更换。

6. 能描述气门组的作用和气门的工作条件，正确判断气门组故障，并能进行气门组的检查与更换。

7. 能描述气缸压缩压力的定义，分析造成气缸漏气的原因，正确使用气缸压力表和气缸漏气率检测仪进行气缸压力及漏气率检测。

8. 能描述气门间隙的定义、作用及其对发动机工作的影响，并能进行气门间隙的检测与调整。

9. 能对维修场地的相关设备进行日常维护与保养，按6S管理规定清理现场。

10. 能对相关资料、互联网资源进行检索，完成维修工单、工作页的填写。

11. 能展示工作成果，进行任务评价，总结工作经验，优化检修方案。

12. 能在作业过程中严格执行企业操作规范、安全生产制度、环保管理制度，严格遵守从业人员的职业道德，具有吃苦耐劳、爱岗敬业的工作态度和职业责任感。

建议学时

20学时。

工作情境描述

一车辆在行驶过程中出现发动机动力不足的现象，车主将该车辆送入维修站维修，经维修技师检查，初步判断为配气机构故障。汽车维修人员需要根据维修手册的相关要求，在规定时间内完成配气机构的检查与零部件的更换，完成后交付验收。

工作流程与活动

1．配气机构的认知（2 学时）
2．正时机构的检查与更换（2 学时）
3．凸轮轴的检查与更换（4 学时）
4．气缸盖的检查与更换（2 学时）
5．气门组的检查与更换（2 学时）
6．气缸密封性的检测（4 学时）
7．气门间隙的检测与调整（2 学时）
8．工作总结与评价（2 学时）

思维导图

- 学习任务五　汽车发动机动力不足故障检修
  - 学习活动1　配气机构的认知
    - 配气机构的作用、分类及组成
      - 配气机构的作用
      - 配气机构的分类
      - 配气机构的组成
    - 配气机构的工作原理
    - 认知实训车辆或实训台的配气机构
    - 汽车发动机动力不足故障分析
  - 学习活动2　正时机构的检查与更换
    - 配气正时的定义、正时机构的分类及优缺点
    - 配气相位的定义、转角含义及配气相位图
    - 制订检修方案
    - 检查与更换正时机构
      - 检查与更换正时传动带
        - 拆卸正时传动带
        - 检查正时传动带
        - 安装正时传动带
      - 检查与更换正时链条
        - 拆卸正时链条
        - 检查正时链条
        - 安装正时链条
  - 学习活动3　凸轮轴的检查与更换
    - 凸轮轴的作用和结构
    - 制订检修方案
    - 检查与更换凸轮轴
      - 拆卸凸轮轴
      - 检查凸轮轴
        - 检查凸轮轴外观
        - 测量凸轮轴弯曲度
        - 测量凸轮轴轴颈磨损度
        - 测量凸轮高度
      - 安装凸轮轴
  - 学习活动4　气缸盖的检查与更换
    - 气缸盖的作用、结构及分类
      - 气缸盖的作用
      - 气缸盖的结构和分类
    - 制订检修方案
    - 检查与更换气缸盖
      - 拆卸气缸盖
      - 检查气缸盖
        - 检查气缸盖外观
        - 测量气缸盖平面度
      - 安装气缸盖
  - 学习活动5　气门组的检查与更换
    - 气门组的作用和气门的工作条件
    - 制订检修方案
    - 检查与更换气门组
      - 拆卸气门组
      - 检查气门组
        - 检查气门组外观
        - 测量气门杆长度
        - 测量气门杆磨损度
        - 测量气门弹簧自然长度
      - 安装气门组
  - 学习活动6　气缸密封性的检测
    - 气缸压缩压力的定义
    - 气缸压力表的组成及使用
    - 气缸漏气率检测仪的组成及使用
    - 制订检修方案
    - 检测气缸密封性
      - 检测气缸压力
      - 检测气缸漏气率
  - 学习活动7　气门间隙的检测与调整
    - 气门间隙的定义和作用
    - 制订检修方案
    - 检测与调整气门间隙
      - 检测气门间隙
      - 调整气门间隙
  - 学习活动8　工作总结与评价
    - 工作总结
    - 综合评价
    - 学习任务五整体评价

学习活动 1　配气机构的认知

学习目标

1. 能描述配气机构的作用、分类、组成及工作原理。

2. 能在发动机台架上正确找到配气机构相关的零部件。

3. 能通过查阅资料，明确汽车发动机动力不足故障的检修内容、检修流程及检修方法。

建议学时：2 学时。

学习过程

一、配气机构的作用、分类及组成

1．配气机构的作用

简述配气机构的作用。

配气机构的作用是定时开启和关闭各气缸的进、排气门，使可燃混合气或空气得以及时进入气缸，废气得以及时从气缸排出。

2．配气机构的分类

（1）按气门布置形式的不同，配气机构可分为<u>侧置气门式</u>、<u>顶置气门式</u>。

（2）按凸轮轴布置形式的不同，配气机构可分为<u>上置式</u>、<u>中置式</u>、<u>下置式</u>。

3．配气机构的组成

配气机构可分为气门组和气门传动组两部分。

（1）查阅资料，根据图 5–1–1 所示气门组的结构，在表 5–1–1 中填写气门组各组成零部件的名称。

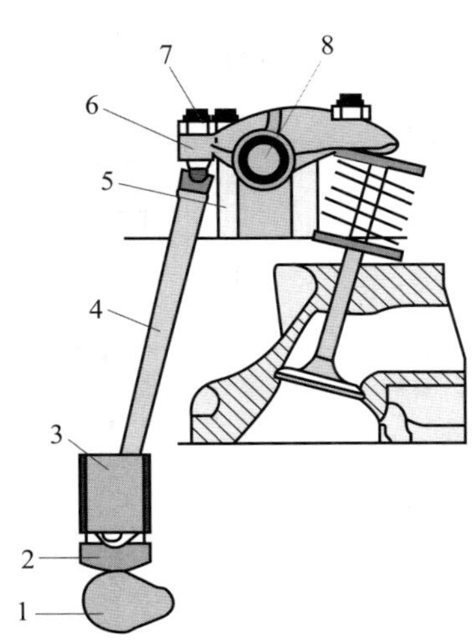

图 5–1–1　气门组的结构

表 5–1–1　　气门组的组成零部件

零部件编号	名称	零部件编号	名称
1	凸轮轴	5	摇臂轴承座
2	挺柱	6	摇臂
3	挺柱导向体	7	调整螺钉
4	推杆	8	摇臂轴

（2）查阅资料，根据图 5–1–2 所示气门传动组的结构，在表 5–1–2 中填写气门传动组各组成零部件的名称。

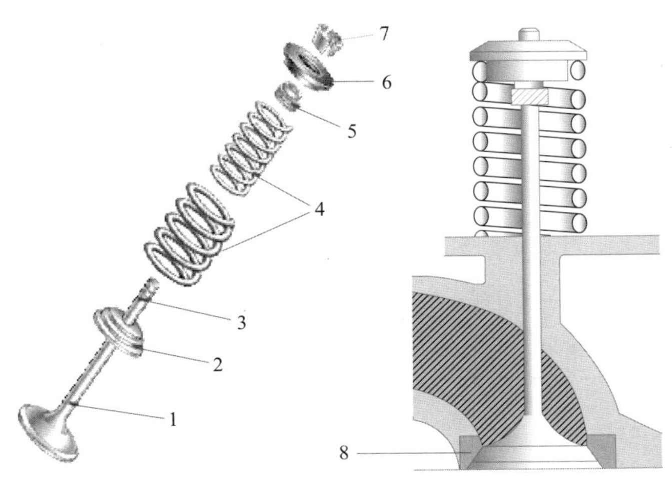

图 5–1–2　气门传动组的结构

表 5-1-2　　气门传动组的组成零部件

零部件编号	名称	零部件编号	名称
1	气门	5	气门油封
2	气门弹簧下座圈	6	气门弹簧座
3	气门杆	7	气门锁片
4	气门弹簧	8	气门座圈

二、配气机构的工作原理

简述配气机构的工作原理。

凸轮轴转动，当凸轮的基圆部分与挺柱接触时，挺柱不升高，挺柱以上的传动件不动作，气门是关闭的。当凸轮的凸起部分与挺柱接触时，凸轮将挺柱顶起，气门被打开。当凸轮的最大凸起处与挺柱接触时，气门达到最大开度。随后，凸轮与挺柱接触表面的凸起开始逐渐变小，气门在气门弹簧的作用下开始上升关闭，并反向推动摇臂等传动杆件，使挺柱下移保持与凸轮接触。当凸轮凸起部分离开挺柱时，气门完全关闭。

三、认知实训车辆或实训台的配气机构

对照实训车辆或实训台的发动机配气机构，以小组为单位绘制一张配气机构工作原理简图，并向其他组展示和说明该机构各组成零部件的名称、作用和安装位置。

四、汽车发动机动力不足故障分析

汽车发动机动力不足可能是发动机配气机构故障导致的。根据你对发动机配气机构的了解，小组讨论汽车发动机动力不足时，应主要对发动机配气机构的哪些方面进行检修，以及对应的检修流程和检修方法等，将讨论结果填写在下面的横线上并向其他组展示和说明。

五、学习过程评价

学习过程评价见表 5–1–3。

表 5–1–3　学习过程评价表

班级		姓名		学号		日期	年　月　日
序号	评价要点				配分 / 分	得分	总评 / 分
1	能正确识读和填写工作页，明确学习活动的要求				10		A □（86 ~ 100） B □（76 ~ 85） C □（60 ~ 75） D □（60 以下）
2	能描述配气机构的作用、分类及组成				10		
3	能查阅资料，分析配气机构的工作原理				20		
4	能对照实物，正确说出配气机构各组成零部件的名称、作用和安装位置				20		
5	能查阅资料，明确汽车发动机动力不足故障的检修内容、检修流程及检修方法				10		
6	能遵守劳动纪律，以积极的态度接受工作任务				10		
7	能积极参与小组讨论，发挥团队合作精神				10		
8	能及时完成教师布置的任务				10		
总　分					100		
小结建议							

学习活动 2　正时机构的检查与更换

学习目标

1. 能描述配气正时的定义、正时机构的分类及各种分类的优缺点。

2. 能描述配气相位的定义及转角含义，并能绘制配气相位图。

3. 能正确判断正时机构故障，明确正时机构故障的检修内容和检修方法。

4. 能规范地完成正时传动带的检查与更换。

5. 能规范地完成正时链条的检查与更换。

建议学时：2 学时。

学习过程

一、配气正时的定义、正时机构的分类及优缺点

1．什么是配气正时?

配气正时是按活塞的工作行程去配置进、排气门的开启时间。

2．简述正时机构的分类及其优缺点。

正时机构分为齿轮传动、链条传动和齿形带传动三类。

（1）齿轮传动

优点：精确、可靠。

缺点：结构复杂，噪声大，质量大，制造精度要求高，成本高。

（2）链条传动

优点：可靠性好，使用寿命长，运行阻力小。

缺点：必须对链条进行润滑，传动噪声较大。

（3）齿形带传动

优点：无须润滑，噪声小，质量轻，成本低。

缺点：使用寿命短，必须定期更换。

二、配气相位的定义、转角含义及配气相位图

1．什么是配气相位?

以曲轴转角表示的进、排气门实际开、关时刻及其开启的持续时间称为配气相位。

2．结合图 5-2-1 所示的配气相位图，理解进气提前角、进气迟后角、排气提前角、排气迟后角和气门重叠角的含义，并完成表 5-2-1 的填写。

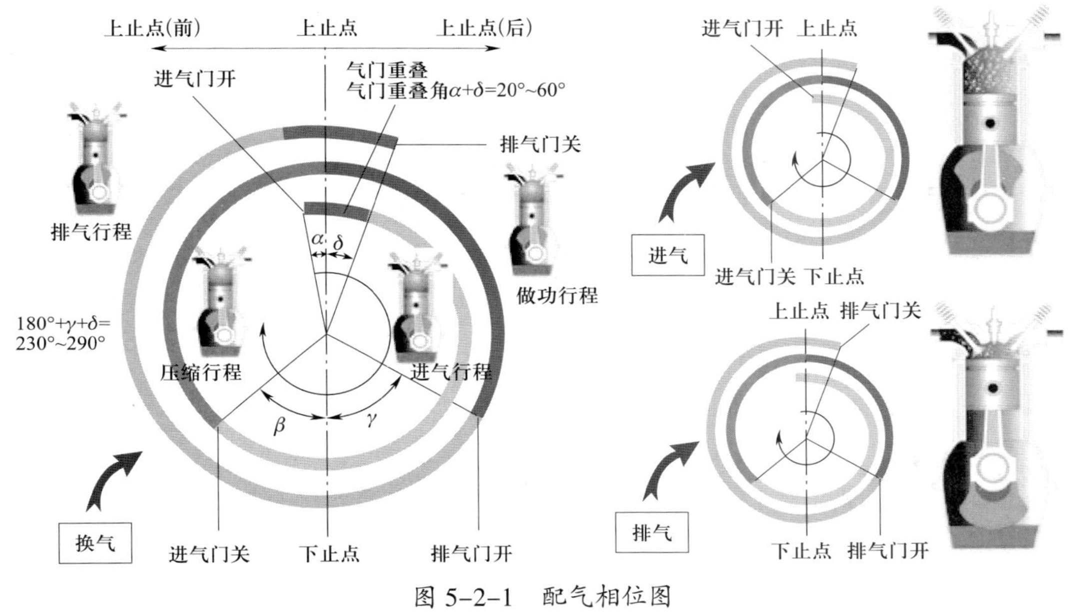

图 5-2-1　配气相位图

表 5-2-1　　配气相位图中各转角的名称及含义

序号	名称	含义
1	进气提前角（α）	从进气门开启到上止点所对应的曲轴转角
2	进气迟后角（β）	从下止点到进气门关闭所对应的曲轴转角
3	排气提前角（γ）	从排气门开启到下止点所对应的曲轴转角
4	排气迟后角（δ）	从上止点到排气门关闭所对应的曲轴转角
5	气门重叠角（$\alpha+\delta$）	进、排气门同时开启过程对应的曲轴转角

3．已知某型号发动机的进气提前角为 20°，气门重叠角为 39°，进气持续角为 256°，排气持续角为 249°，画出其配气相位图。注：进气 / 排气持续角表示进气 / 排气门开启的整个过程中曲轴转过的角度。

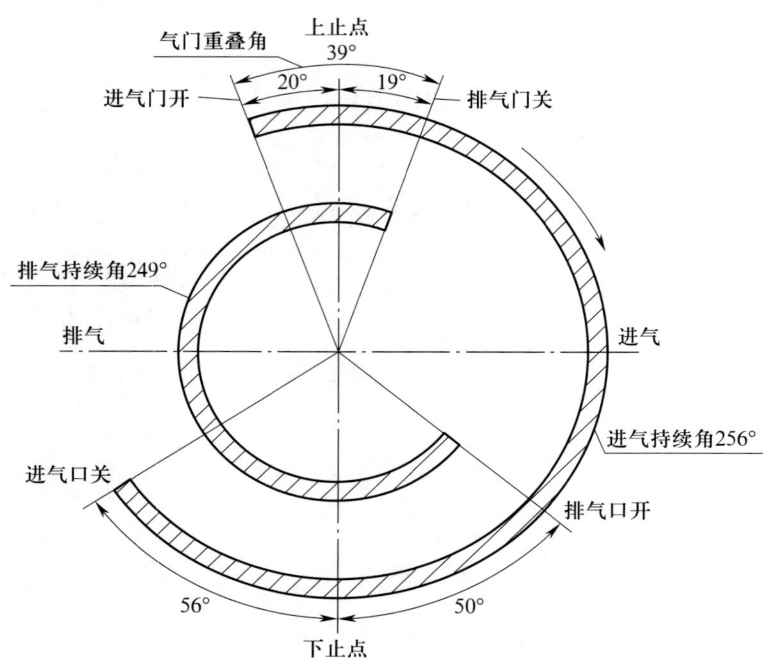

三、制订检修方案

1．查阅资料，回答下列问题。

（1）如何判断正时机构故障？通过故障现象进行简易判断，后面活动对应的问题同本处。

正时机构故障主要表现如下。

1）正时传动带（齿形带）变形。

2）张紧轮磨损过度或没有按照维修手册的要求紧固。

3）正时传动带（齿形带）安装不符合要求。

4）正时链条变形。

5）正时传动带（齿形带）或者正时链条没有对准正时。

6）正时链条张紧器损坏。

（2）正时机构故障时，应主要从哪些方面对其进行检查？采用什么检修方法？

正时传动带（齿形带）：主要检查正时传动带（齿形带）的外观、安装时翻起的角度。

张紧轮：主要检查张紧轮与正时传动带（齿形带）接触面的直径。

正时链条：主要检查正时链条的外观、长度、链轮直径。

以上各零部件故障时，主要采用外观检查法、测量法等进行检修。

2．根据具体工作内容，明确小组成员分工，填写表 5–2–2。

表 5–2–2　小组成员分工

姓名	分工

3．根据要求列出维修所需主要工具及材料清单，填写表 5–2–3。

表 5–2–3　维修所需主要工具及材料清单

序号	工具及材料名称	单位	数量	备注

4．根据小组分工情况及客户要求，制订具体的维修工序，填写表 5–2–4。

表 5–2–4　维修工序安排

序号	维修工序内容	备注

四、检查与更换正时机构

正时机构磨损会使配合间隙增大、噪声增大以及配气相位失准。此外，若发动机运行过程中突然出现正时链条或正时转动带打滑或断裂等情况，则活塞与气门可能会发生碰撞。因此，检查正时机构的磨损情况，以判断其是否需要更换，是维修中的主要工作。这里以常用的传动带（齿形带）传动和链条传动为例，对正时机构进行检修。

1．检查与更换正时传动带

（1）拆卸正时传动带

根据表 5–2–5 进行正时传动带的拆卸，并将作业要领补充完整。

表 5-2-5　　拆卸正时传动带

序号	操作图示	作业要领	完成情况
1		将发动机安装到维修工作台上	完　成□ 未完成□
2		转动曲轴，使第一缸活塞处于压缩行程上止点位置。对于无正时标记的，须做好标记	完　成□ 未完成□
3		松开_张紧轮_	完　成□ 未完成□

续表

序号	操作图示	作业要领	完成情况
4		拆下正时传动带	完　成□ 未完成□

（2）检查正时传动带

根据表 5-2-6 检查正时传动带，并将作业要领补充完整。若检查结果不符合要求，则更换正时传动带。

表 5-2-6　　检查正时传动带

序号	操作图示	作业要领	完成情况
1		用拇指和食指捏住正时带轮和中间带轮之间正时传动带的中间部位，用力翻转，以刚好能转 90° 为宜	完　成□ 未完成□
2		检查正时传动带是否有开裂、剥落，齿数是否残缺 开裂□ 剥落□ 齿数残缺□	完　成□ 未完成□

续表

序号	操作图示	作业要领	完成情况
3		用游标卡尺检查张紧轮直径，将测量值与标准值相比较，若超过磨损极限，则更换 张紧轮直径：________mm	完　成□ 未完成□

正时传动带存在开裂、剥落和齿数残缺，主要是什么原因引起的？

1）使用年限超过使用寿命。

2）惰轮、导向轮、张紧轮的运转不灵活，可加剧齿形带磨损。

3）发动机的油液渗漏到齿形带上，使齿形带打滑、化学腐蚀等。

4）使用旋具或者杠杆安装齿形带，使齿形带损坏。

（3）安装正时传动带

根据表 5–2–7 进行正时传动带的安装，并将作业要领补充完整。

表 5–2–7　　安装正时传动带

序号	操作图示	作业要领	完成情况
1		将凸轮轴带轮上的标记朝上	完　成□ 未完成□
2		将半自动张紧轮的固定螺栓松开，并转动张紧轮，使其处于张紧力最小的位置，注意张紧轮的定位块要卡入气缸盖的缺口内	完　成□ 未完成□

续表

序号	操作图示	作业要领	完成情况
3		将正时传动带安装到张紧轮和凸轮轴带轮上	完 成□ 未完成□
4		逆时针转动半自动张紧轮，直到满足正时传动带的张紧要求，将张紧轮上的固定螺栓按力矩要求拧紧 规定力矩：________N·m	完 成□ 未完成□

2．检查与更换正时链条

（1）拆卸正时链条

根据表 5-2-8 进行正时链条的拆卸，并将作业要领补充完整。

表 5-2-8 拆卸正时链条

序号	操作图示	作业要领	完成情况
1		将发动机安装到维修工作台上	完 成□ 未完成□

续表

序号	操作图示	作业要领	完成情况
2		转动曲轴，使第一缸活塞处于压缩行程上止点位置。对于无正时标记的，须做好标记	完　成□ 未完成□
3	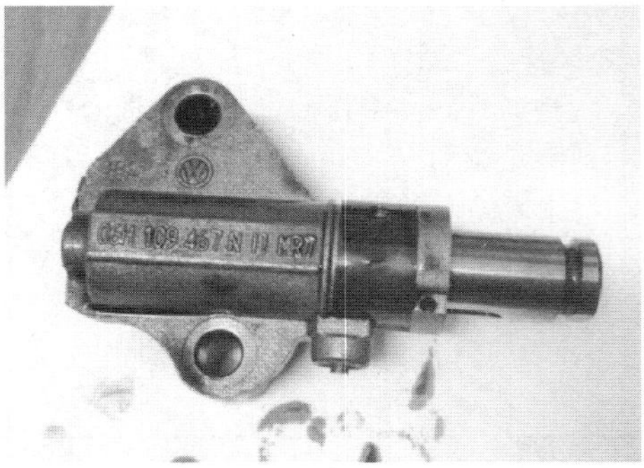	拆卸正时链条的<u>张紧器</u>	完　成□ 未完成□
4	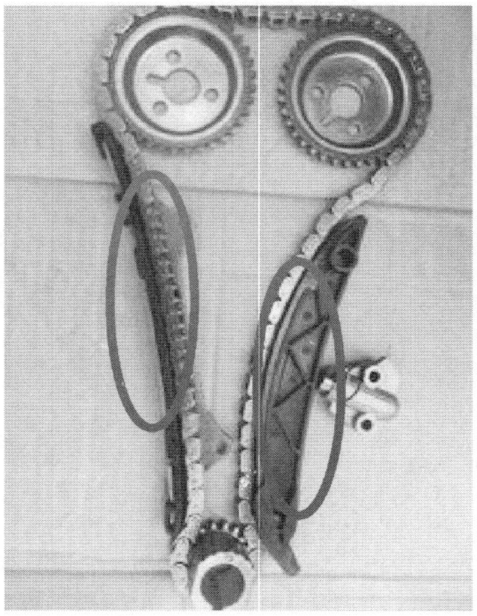	拆卸正时链条两侧的<u>减振滑块</u>	完　成□ 未完成□
5	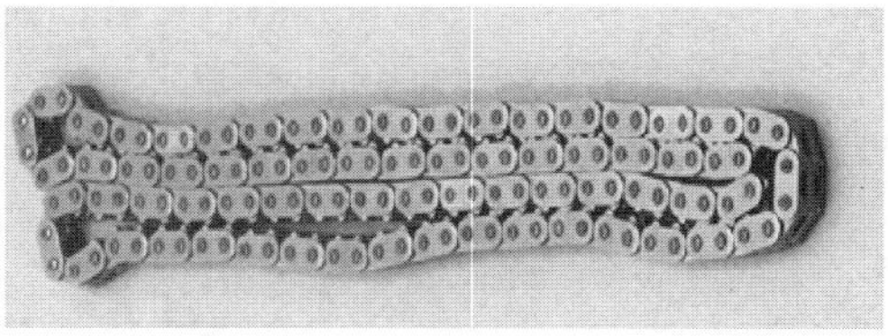	取下正时链条	完　成□ 未完成□

在拆卸正时链条的过程中，如何确定发动机曲轴第一缸活塞转动到压缩行程上止点位置?

标记法：查阅维修手册，看各车发动机上止点正时记号，记号相对时，发动机第一缸活塞处于压缩行程上止点位置。

经验法：观察第一缸凸轮轴的凸轮角度，两凸轮顶部向下，其对称面与气缸体上平面垂直时，发动机第一缸活塞处于压缩行程上止点位置。

（2）检查正时链条

根据表 5-2-9 检查正时链条，并将作业要领补充完整。若检查结果不符合要求，则更换正时链条。

表 5-2-9　检查正时链条

序号	操作图示	作业要领	完成情况
1	1—游标卡尺　2—正时链条　3—弹簧秤	测量正时链条长度。按要求拆下正时链条后，用弹簧秤钩拉正时链条，当拉力达到维修手册要求的拉力值时测量正时链条长度，并与标准值相比较，判断正时链条长度是否符合要求 正时链条长度：________ mm	完　成□ 未完成□
2	1—游标卡尺　2—正时链条　3—齿轮	测量链轮直径。用拆下的正时链条分别将凸轮轴正时齿轮和曲轴正时齿轮整周啮合包住后，用游标卡尺测量链轮直径，并与标准值相比较，判断链轮直径是否符合要求 凸轮轴正时链轮直径：_____mm，曲轴正时链轮直径：_____mm	完　成□ 未完成□

（3）安装正时链条

根据表 5-2-10 进行正时链条的安装，并将作业要领补充完整。

表 5-2-10　安装正时链条

序号	操作图示	作业要领	完成情况
1		将正时链条上的__红色标记__与__正时齿轮__的原点、曲轴正时齿轮的原点对准，装入正时链条	完　成□ 未完成□

续表

序号	操作图示	作业要领	完成情况
2		安装正时链条两侧的减振轨道	完　成□ 未完成□
3		将正时链条张紧器压缩到最短，用＿定位销＿卡紧，并安装到正确的位置	完　成□ 未完成□
4		松开正时链条张紧器，检查是否张紧链条	完　成□ 未完成□

续表

序号	操作图示	作业要领	完成情况
5	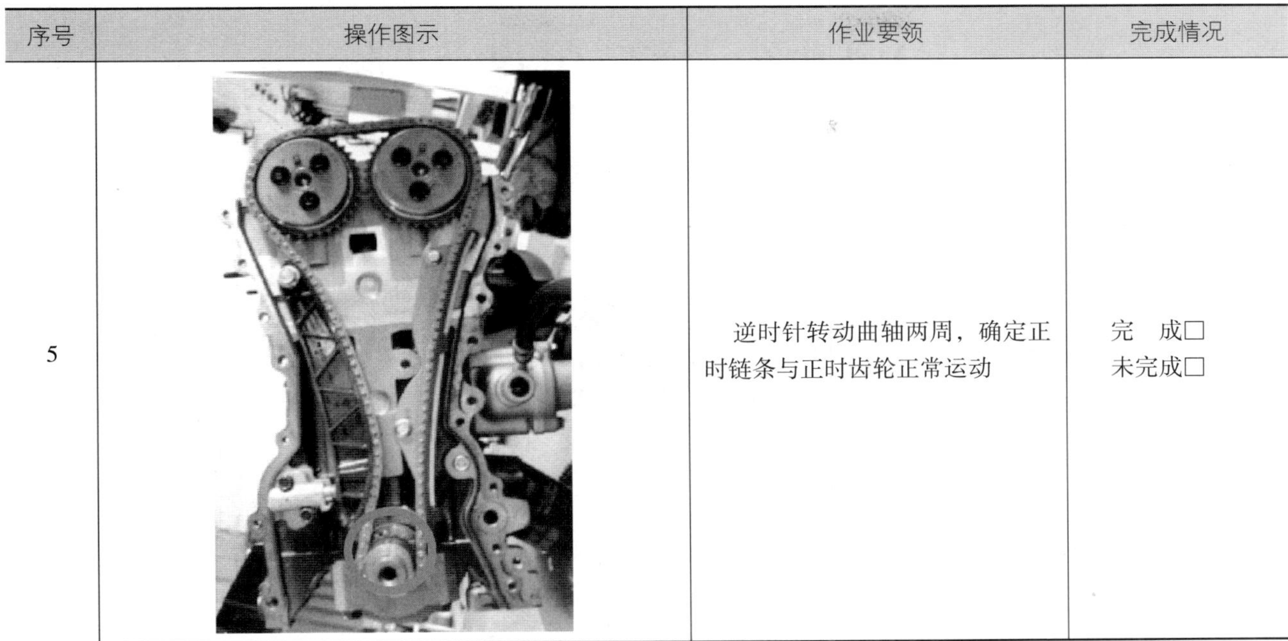	逆时针转动曲轴两周，确定正时链条与正时齿轮正常运动	完　成□ 未完成□

若安装正时链条时，没有对准正时标记，会造成什么后果?

正时不准，会造成车辆加速无力、抖动、气门与活塞相互干涉，甚至发动机不能启动。

五、学习过程评价

学习过程评价见表 5-2-11。

表 5-2-11　　学习过程评价表

班级		姓名		学号	日期	年　月　日
序号	评价要点			配分 / 分	得分	总评 / 分
1	能正确识读和填写工作页，明确学习活动的要求			10		A □（86 ~ 100） B □（76 ~ 85） C □（60 ~ 75） D □（60 以下）
2	能描述配气正时的定义、正时机构的分类及各种分类的优缺点			10		
3	能描述配气相位的定义及转角含义，并能绘制配气相位图			10		
4	能正确判断正时机构故障，明确正时机构故障的检修内容和检修方法			10		
5	能规范地完成正时传动带的检查与更换			15		
6	能规范地完成正时链条的检查与更换			15		
7	能遵守劳动纪律，以积极的态度接受工作任务			10		
8	能积极参与小组讨论，发挥团队合作精神			10		
9	能及时完成教师布置的任务			10		
总　分				100		
小结建议						

学习活动 3　凸轮轴的检查与更换

学习目标

1. 能描述凸轮轴的作用和结构。

2. 能正确判断凸轮轴故障，明确凸轮轴故障的检修内容和检修方法。

3. 能规范地完成凸轮轴的检查与更换。

建议学时：4 学时。

学习过程

一、凸轮轴的作用和结构

1．简述凸轮轴的作用。

凸轮轴的作用是控制气门的开启和闭合。

2．查阅资料，根据图 5–3–1 所示凸轮轴的结构，在表 5–3–1 中填写凸轮轴各组成零部件的名称。

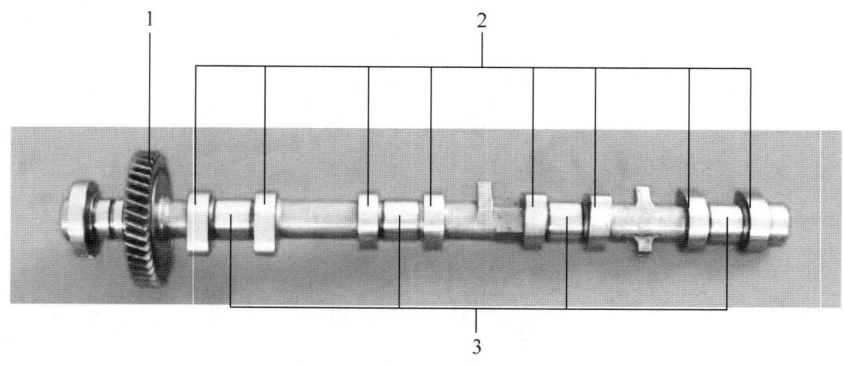

图 5–3–1　凸轮轴的结构

表 5-3-1　凸轮轴的组成零部件

零部件编号	名称	零部件编号	名称
1	正时齿轮	3	凸轮轴轴颈
2	凸轮		

二、制订检修方案

1．查阅资料，回答下列问题。

（1）如何判断凸轮轴故障？

凸轮轴故障主要表现为凸轮轴弯曲变形，轴颈及凸轮表面有擦伤、拉毛等。

（2）凸轮轴出现故障时，应主要从哪些方面对其进行检查？采用什么检修方法？

凸轮轴出现故障时，应主要对其外观、弯曲度、轴颈磨损度和凸轮高度等方面进行检查，主要采用外观检查法和测量法等进行检修。

2．根据具体工作内容，明确小组成员分工，填写表 5-3-2。

表 5-3-2　小组成员分工

姓名	分工

3．根据要求列出维修所需主要工具及材料清单，填写表 5-3-3。

表 5-3-3　维修所需主要工具及材料清单

序号	工具及材料名称	单位	数量	备注

4．根据小组分工情况及客户要求，制订具体的维修工序，填写表 5-3-4。

表 5-3-4　　维修工序安排

序号	维修工序内容	备注

三、检查与更换凸轮轴

1．拆卸凸轮轴

根据表 5-3-5 进行凸轮轴的拆卸。

表 5-3-5　　拆卸凸轮轴

序号	操作图示	作业要领	完成情况
1	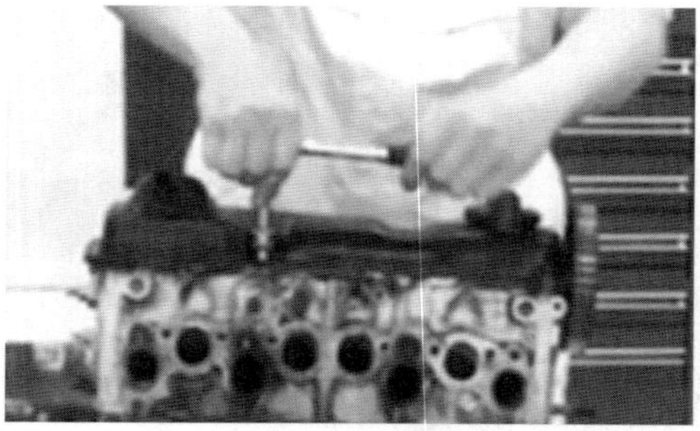	按从外到里的顺序松开气缸盖罩螺栓，取下气缸盖罩	完　成□ 未完成□
2	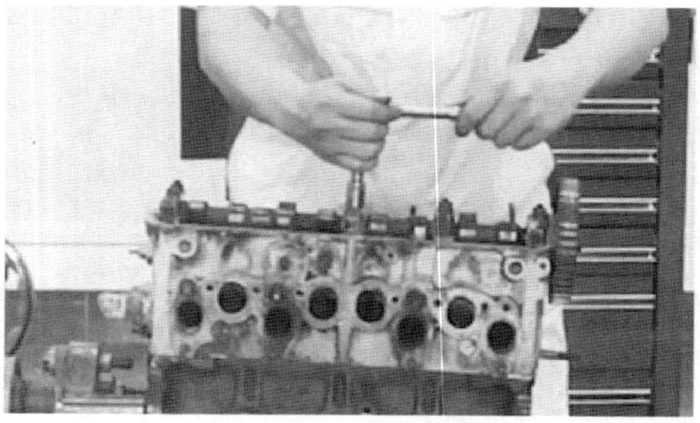	按从外到里的顺序松开凸轮轴轴承盖螺栓，将轴承盖按顺序摆放整齐，然后取出凸轮轴	完　成□ 未完成□

续表

序号	操作图示	作业要领	完成情况
3		戴护目镜及胶手套，使用化油器清洗剂及高压空气喷枪清洗凸轮轴	完　成□ 未完成□
4		用无尘纸将凸轮轴擦拭干净	完　成□ 未完成□

（1）在图 5–3–2 中标出拧松凸轮轴轴承盖螺栓的顺序。

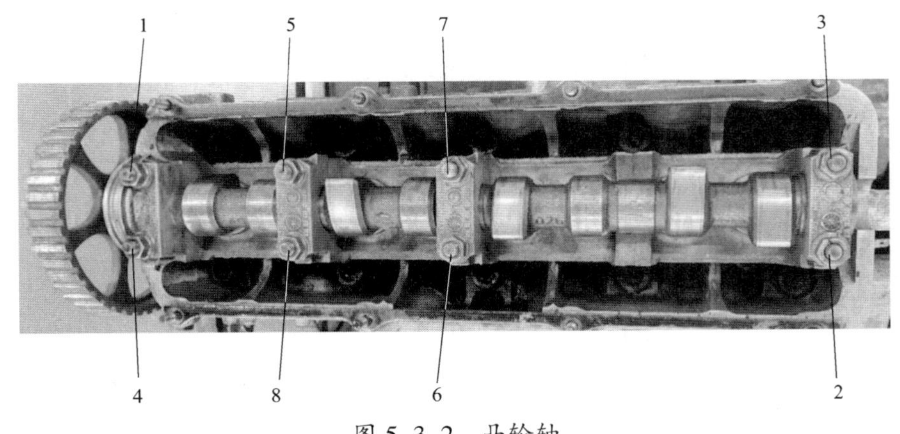

图 5–3–2　凸轮轴

（2）清洁凸轮轴的过程中，有哪些注意事项?

1）使用化油器清洗剂及高压风枪清洁凸轮轴时，需要戴护目镜和胶手套，防止化油器清洗剂溅入眼睛或灼伤皮肤。

2）应使用无尘纸对凸轮轴进行清洁。

2．检查凸轮轴

（1）检查凸轮轴外观

检查凸轮轴是否存在严重弯曲，轴颈及凸轮的表面是否有严重的擦伤、拉毛、麻点等，若出现以上情况，应予以更换。

（2）测量凸轮轴弯曲度

1）将凸轮轴放在 V 形块上。

2）用磁性表座架起百分表，旋转凸轮轴一圈，测量中心轴颈的径向跳动量，如图 5-3-3 所示。中心轴颈的径向跳动量：__________ mm。

3）查阅维修手册，获取凸轮轴最大径向跳动量：________ mm。

图 5-3-3　测量中心轴颈的径向跳动量

4）如果中心轴颈的径向跳动量大于凸轮轴最大径向跳动量，则更换凸轮轴。

（3）测量凸轮轴轴颈磨损度

1）将凸轮轴放在 V 形块上。

2）用千分尺测量各轴颈的直径（图 5-3-4），将测量结果填写于表 5-3-6 中。

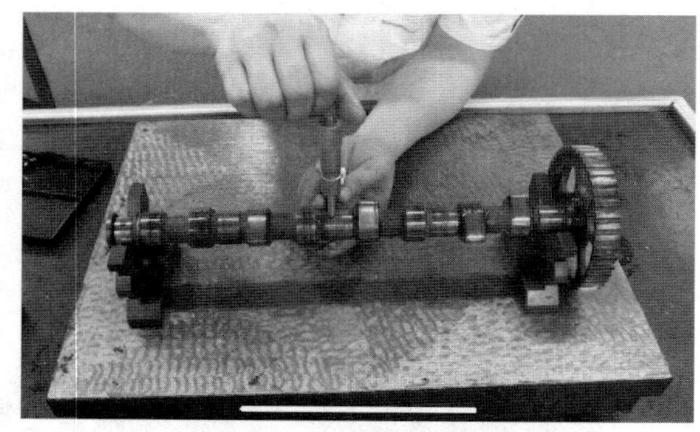

图 5-3-4　测量各轴颈的直径

3）查阅维修手册，确定凸轮轴磨损的维修极限，并填写于表 5-3-6 中。

表 5-3-6　测量凸轮轴轴颈磨损度

项目	轴颈磨损度				
	第 1 道轴颈	第 2 道轴颈	第 3 道轴颈	第 4 道轴颈	第 5 道轴颈
测量值					
维修极限					
维修建议					

（4）测量凸轮高度

1）将凸轮轴放在 V 形块上。

2）用千分尺测量各凸轮的高度（图 5–3–5），将测量结果填写于表 5–3–7 中。

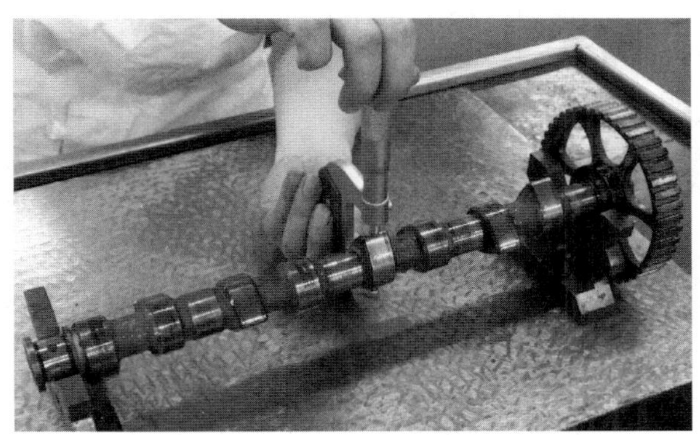

图 5–3–5　测量各凸轮的高度

3）查阅维修手册，确定凸轮高度的维修极限，并填写于表 5–3–7 中。

表 5–3–7　测量凸轮高度

项目	凸轮高度							
	凸轮 1	凸轮 2	凸轮 3	凸轮 4	凸轮 5	凸轮 6	凸轮 7	凸轮 8
测量值								
维修极限								
维修建议								

3．安装凸轮轴

根据表 5–3–8 进行凸轮轴的安装，并将作业要领补充完整。

表 5–3–8　安装凸轮轴

序号	操作图示	作业要领	完成情况
1		给凸轮轴、凸轮轴轴承盖、凸轮轴支撑槽均匀涂抹机油（润滑油），将凸轮轴放置于凸轮轴支撑槽内，使凸轮轴正时齿轮上 OT 标记垂直向上	完　成□ 未完成□

续表

序号	操作图示	作业要领	完成情况
2	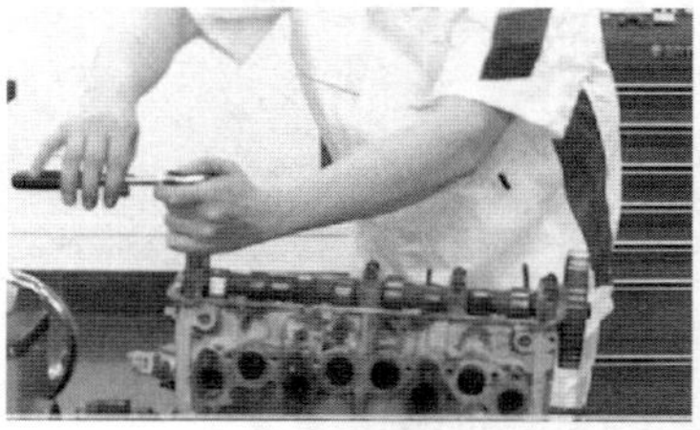	按从里到外的顺序拧紧凸轮轴上的螺栓，拧紧螺栓按以下三步进行： （1）用手拧入螺栓 （2）用套筒扳手旋紧螺栓 （3）用扭力扳手以规定的扭力紧固螺栓	完　成□ 未完成□
3		安装张紧轮	完　成□ 未完成□
4		检查曲轴及凸轮轴正时位置，安装正时传动带	完　成□ 未完成□
5		使用扭力扳手（加标准力矩）紧固张紧轮，收紧正时传动带	完　成□ 未完成□
6		检查曲轴转动是否正常 正　常□ 不正常□	完　成□ 未完成□

四、学习过程评价

学习过程评价见表 5-3-9。

表 5-3-9　　学习过程评价表

<table>
<tr><td>班级</td><td></td><td>姓名</td><td></td><td>学号</td><td></td><td>日期</td><td>年　月　日</td></tr>
<tr><td>序号</td><td colspan="5">评价要点</td><td>配分 / 分</td><td>得分</td><td>总评 / 分</td></tr>
<tr><td>1</td><td colspan="5">能正确识读和填写工作页，明确学习活动的要求</td><td>10</td><td></td><td rowspan="10">A □（86 ~ 100）
B □（76 ~ 85）
C □（60 ~ 75）
D □（60 以下）</td></tr>
<tr><td>2</td><td colspan="5">能描述凸轮轴的作用和结构</td><td>10</td><td></td></tr>
<tr><td>3</td><td colspan="5">能正确判断凸轮轴故障，明确凸轮轴故障的检修内容和检修方法</td><td>10</td><td></td></tr>
<tr><td>4</td><td colspan="5">能规范地完成凸轮轴的拆卸</td><td>10</td><td></td></tr>
<tr><td>5</td><td colspan="5">能规范地完成凸轮轴的检查</td><td>20</td><td></td></tr>
<tr><td>6</td><td colspan="5">能规范地完成凸轮轴的安装</td><td>10</td><td></td></tr>
<tr><td>7</td><td colspan="5">能遵守劳动纪律，以积极的态度接受工作任务</td><td>10</td><td></td></tr>
<tr><td>8</td><td colspan="5">能积极参与小组讨论，发挥团队合作精神</td><td>10</td><td></td></tr>
<tr><td>9</td><td colspan="5">能及时完成教师布置的任务</td><td>10</td><td></td></tr>
<tr><td colspan="6">总　分</td><td>100</td><td></td></tr>
<tr><td>小结
建议</td><td colspan="8"></td></tr>
</table>

学习活动 4　气缸盖的检查与更换

学习目标

1. 能描述气缸盖的作用、结构及分类。

2. 能正确判断气缸盖故障，明确气缸盖故障的检修内容和检修方法。

3. 能规范地完成气缸盖的检查与更换。

建议学时：2 学时。

学习过程

一、气缸盖的作用、结构及分类

1．气缸盖的作用

简述气缸盖的作用。

气缸盖的主要作用是密封气缸，与活塞共同形成燃烧空间，并承受高温高压燃气的作用。

2．气缸盖的结构和分类

气缸盖是结构较复杂的箱形零件，其上加工有进 / 排气门座孔、气门导管孔、火花塞安装孔或喷油器安装孔，在气缸盖内还铸有水套、进 / 排气道和燃烧室的一部分。若凸轮轴安装在气缸盖上，这类气缸盖上通常还加工有凸轮轴轴承孔或凸轮轴轴承座及其润滑油道。

（1）气缸盖是用什么材料制造的?

气缸盖多由优质铸铁和铝合金制成。轿车发动机的气缸盖多为铝合金制造，其质量轻、散热好。

（2）气缸盖按照结构不同，一般可分为哪几类?

整体式：整列气缸共用一个气缸盖。

分块式：三缸一盖，二缸一盖。

单体式：一缸一盖。

二、制订检修方案

1．查阅资料，回答下列问题。

（1）如何判断气缸盖故障?

气缸盖故障主要表现为气缸盖有裂纹、变形、磨损等。

（2）气缸盖故障时，应主要从哪些方面对其进行检查？采用什么检修方法?

气缸盖故障时，应主要对其外观（如有无裂纹、变形及磨损）和平面度进行检查，主要采用外观检查法和测量法进行检修。

2．根据具体工作内容，明确小组成员分工，填写表5–4–1。

表5–4–1　小组成员分工

姓名	分工

3．根据要求列出维修所需主要工具及材料清单，填写表5–4–2。

表5–4–2　维修所需主要工具及材料清单

序号	工具及材料名称	单位	数量	备注

4．根据小组分工情况及客户要求，制订具体的维修工序，填写表 5–4–3。

表 5–4–3　　维修工序安排

序号	维修工序内容	备注

三、检查与更换气缸盖

1．拆卸气缸盖

根据表 5–4–4 进行气缸盖的拆卸。

表 5–4–4　　拆卸气缸盖

序号	操作图示	作业要领	完成情况
1		按从外到里的顺序松开气缸盖螺栓	完　成□ 未完成□
2		取出气缸盖螺栓，检查螺栓的螺纹是否磨损，若磨损，则更换螺栓	完　成□ 未完成□

序号	操作图示	作业要领	完成情况
3		抬下气缸盖，并将其放置于木块上，以防止气缸盖平面磨损	完　成□ 未完成□
4		铲平气缸盖平面的积碳	完　成□ 未完成□
5		取出液压顶杯，使用化油器清洗剂及高压空气喷枪清洗气缸盖平面。操作过程中应戴护目镜及胶手套	完　成□ 未完成□

（1）在图 5-4-1 中标出拆卸气缸盖时其螺栓的拧松顺序。

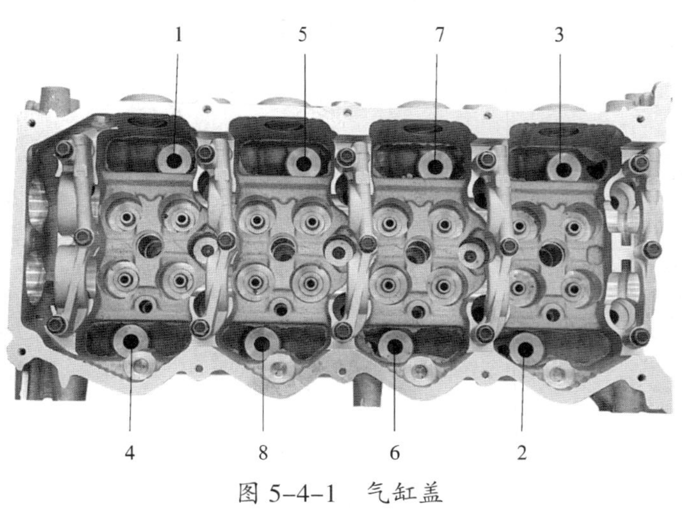

图 5-4-1　气缸盖

（2）部分气缸盖的螺栓有长短之分，较短的螺栓为___进气门___端螺栓，较长的螺栓为___排气门___端螺栓，拆装时应分类摆放。

2．检查气缸盖

（1）检查气缸盖外观

检查气缸盖是否存在明显的裂纹、变形及划痕，若出现以上情况，应予以更换。

1）气缸盖的裂纹多出现在什么地方？

气缸盖裂纹多出现在气门座或火花塞座孔附近。

2）气缸盖产生裂纹的原因主要是什么？

①在发动机工作时，机体组承受拉、压、弯曲和扭转等交变载荷而导致裂纹。

②在严寒的冬季未使用防冻剂，停机后忘记放出冷却液，使发动机缸体被冻裂。

③发动机处于高温状态时突然加入大量低温冷却液，或因水垢积聚过多而散热不良，从而导致裂纹。

④气缸套与气缸体安装不正确。

（2）测量气缸盖平面度

1）将气缸盖下平面朝上，稳固于垫块上。

2）用刀口形直尺和塞尺测量气缸盖六个方向的平面度（图 5–4–2），将测量结果填写于表 5–4–5 中。

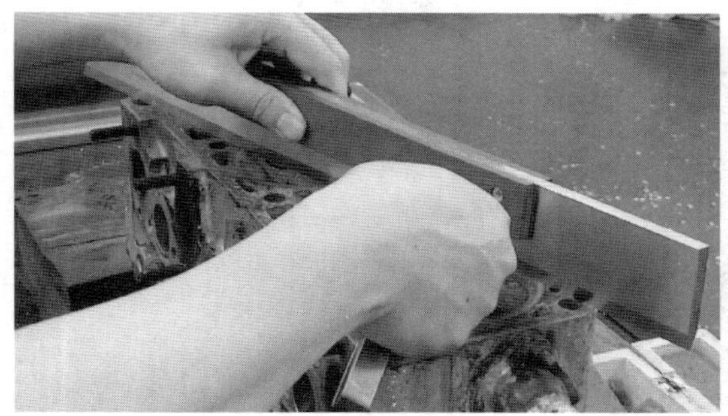

图 5–4–2　测量气缸盖六个方向的平面度

3）查阅维修手册，确定气缸盖的维修极限，并填写于表 5–4–5 中。

表 5–4–5　　测量气缸盖平面度

项目	气缸盖平面度					
	上	下	左	右	对角 1	对角 2
测量值						
维修极限						
维修建议						

3．安装气缸盖

根据表 5-4-6 进行气缸盖的安装。

表 5-4-6　　安装气缸盖

序号	操作图示	作业要领	完成情况
1		转动曲轴，使第一缸活塞处于压缩行程上止点位置	完　成□ 未完成□
2		按要求放置气缸盖垫片，将其对准缸体接合面上的孔道	完　成□ 未完成□
3		将气缸盖抬上缸体，并放入气缸盖螺栓	完　成□ 未完成□
4		按从里到外的顺序拧紧气缸盖螺栓，拧紧气缸盖螺栓按以下三步进行： （1）预紧螺栓 （2）用扭力扳手以规定的扭力拧紧螺栓 （3）用角度计以规定的角度加固螺栓	完　成□ 未完成□

对于铸铁和铝合金两种不同材质的气缸盖，其安装规范有什么区别?

对于铸铁气缸盖，冷态下拧紧一次，热态下再拧紧一次，这是因为铸铁气缸盖的膨胀系数小于螺栓的膨胀系数。

对于铝合金气缸盖，冷态下拧紧一次即可，这是因为铝合金气缸盖的膨胀系数大于螺栓的膨胀系数。

四、学习过程评价

学习过程评价见表 5–4–7。

表 5–4–7　　学习过程评价表

班级		姓名		学号		日期	年　月　日
序号	评价要点				配分 / 分	得分	总评 / 分
1	能正确识读和填写工作页，明确学习活动的要求				10		A □（86 ~ 100） B □（76 ~ 85） C □（60 ~ 75） D □（60 以下）
2	能描述气缸盖的作用、结构及分类				10		
3	能正确判断气缸盖故障，明确气缸盖故障的检修内容和检修方法				10		
4	能规范地完成气缸盖的拆卸				10		
5	能规范地完成气缸盖的检查				20		
6	能规范地完成气缸盖的安装				10		
7	能遵守劳动纪律，以积极的态度接受工作任务				10		
8	能积极参与小组讨论，发挥团队合作精神				10		
9	能及时完成教师布置的任务				10		
总　分					100		
小结建议							

学习活动 5　气门组的检查与更换

学习目标

1. 能描述气门组的作用和气门的工作条件。

2. 能正确判断气门组故障，明确气门组故障的检修内容和检修方法。

3. 能规范地完成气门组的检查与更换。

建议学时：2 学时。

学习过程

一、气门组的作用和气门的工作条件

1．简述气门组的作用。

气门组的主要作用是在凸轮轴直接或间接驱动下，按配气正时的要求开启和关闭进、排气门，并在关闭时能保证气缸良好的密封。

2．根据气门的工作条件，简述气门应具备哪些特性。

气门直接与气缸内的高温燃气接触，受热严重，而散热困难。气门承受气体力和气门弹簧力的作用，以及配气机构运动件惯性力的作用，使气门落座时受到冲击。气门在润滑条件很差的情况下以极高的速度开闭，并在气门导管内做高速往复运动。气门在高温燃气中与腐蚀性气体接触而易受到腐蚀。

因此，气门应耐高温、耐冲击、耐摩擦和耐腐蚀。

二、制订检修方案

1．查阅资料，回答下列问题。

（1）如何判断气门组故障?

气门组故障有如下表现。

1）气门杆弯曲、磨损及卡滞。

2）气门头部和气门座变形、磨损、起槽、凹陷或烧蚀出斑点。

3）气门弹簧折断或弹性减弱。

（2）气门组出现故障时，应主要从哪些方面对其进行检查？采用什么检修方法？

气门组出现故障时，应主要对其外观、气门高度、气门杆磨损度和气门弹簧自然长度进行检测，主要采用外观检查法和测量法进行检修。

2．根据具体工作内容，明确小组成员分工，填写表 5–5–1。

表 5–5–1　　小组成员分工

姓名	分工

3．根据要求列出维修所需主要工具及材料清单，填写表 5–5–2。

表 5–5–2　　维修所需主要工具及材料清单

序号	工具及材料名称	单位	数量	备注

4．根据小组分工情况及客户要求，制订具体的维修工序，填写表 5–5–3。

表 5–5–3　　维修工序安排

序号	维修工序内容	备注

三、检查与更换气门组

1．拆卸气门组

根据表 5-5-4 进行气门组的拆卸。

表 5-5-4　　拆卸气门组

序号	操作图示	作业要领	完成情况
1		取出液压顶杯，安装气门弹簧压缩器	完　成□ 未完成□
2		旋转螺栓并压下弹簧，使用一字旋具轻轻分离气门锁夹，用磁吸棒吸出锁片	完　成□ 未完成□
3		松开气门弹簧压缩器，取出气门弹簧座、气门弹簧和气门	完　成□ 未完成□
4	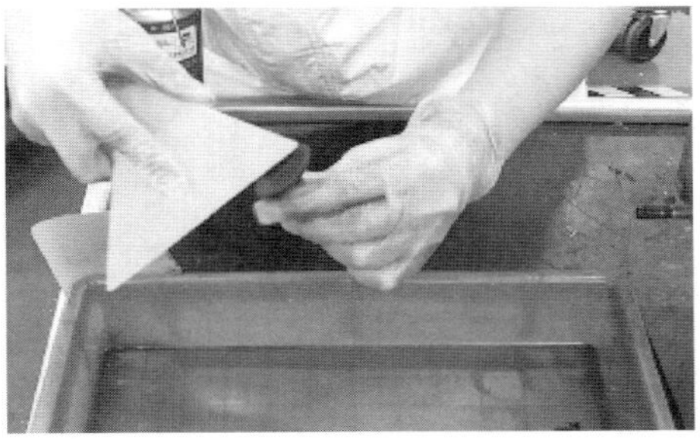	清除气门积碳	完　成□ 未完成□

续表

序号	操作图示	作业要领	完成情况
5		戴护目镜及胶手套，使用化油器清洗剂及高压空气喷枪清洗气门组件	完　成□ 未完成□
6		用无尘纸将气门组件擦拭干净	完　成□ 未完成□

2．检查气门组

（1）检查气门组外观

气门组受到交变的冲击性载荷和高温作用，若出现气门杆明显弯曲、磨损及卡住，气门头部和气门座变形、磨损、起槽或烧蚀出斑点，气门弹簧折断或弹性明显减弱等现象，需更换气门组。

根据上述要求，检查气门组的外观情况，并进行记录。

（2）测量气门杆长度

1）将气门竖立放置于测量平台上。

2）用高度尺测量气门杆长度，如图 5-5-1 所示。

图 5-5-1　测量气门杆长度

3）气门杆长度的维修极限为________ mm，测量值为________ mm。

4）根据以上的测量结果，写出维修建议。

（3）测量气门杆磨损度

1）将气门竖立放置于测量平台上。

2）用千分尺沿轴向对气门杆三个截面的直径进行测量（图 5-5-2），将测量结果填写于表 5-5-5 中。

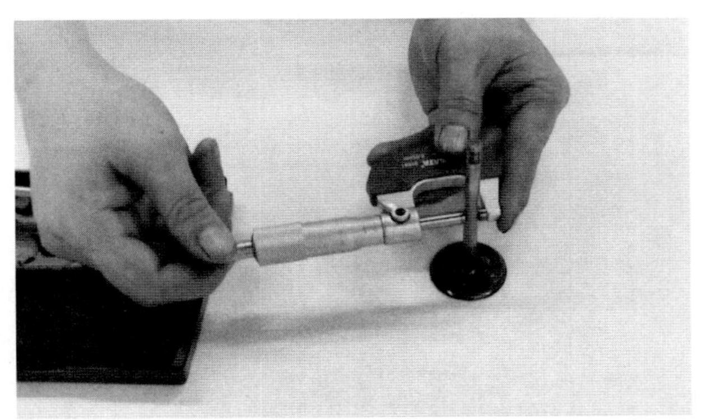

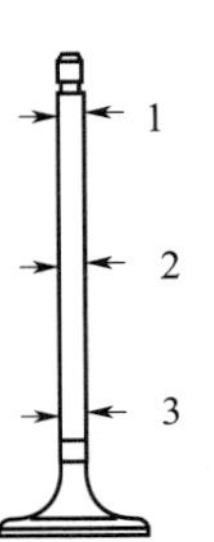

图 5-5-2　测量气门杆三个截面的直径

3）查阅维修手册，确定气门杆磨损的维修极限，并填写于表 5–5–5 中。

表 5–5–5　　测量气门杆磨损度

项目	气门杆磨损度		
	截面 1	截面 2	截面 3
测量值			
维修极限			
维修建议			

（4）测量气门弹簧自然长度

1）将气门弹簧竖立放置于测量平台上。

2）用高度尺测量气门弹簧的自然长度，如图 5–5–3 所示，注意不能压缩弹簧。气门弹簧自然长度（测量值）为________ mm。

图 5–5–3　测量气门弹簧自然长度

3）查阅维修手册，获取气门弹簧自然长度（标准值）为______ mm。

4）根据以上的测量结果，写出维修建议。

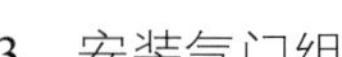

3．安装气门组

根据表 5-5-6 进行气门组的安装。

表 5-5-6　安装气门组

序号	操作图示	作业要领	完成情况
1		将气门从下往上插进气门孔，架于气门弹簧压缩器上	完　成□ 未完成□
2		将弹簧和弹簧座从上往下放进气门孔，使用气门弹簧安装钳压缩气门弹簧，将气门锁夹装进卡槽，慢慢松开气门弹簧压缩器	完　成□ 未完成□
3		盖好液压顶杯	完　成□ 未完成□

四、学习过程评价

学习过程评价见表 5–5–7。

表 5–5–7　　　　学习过程评价表

<table>
<tr><td>班级</td><td></td><td>姓名</td><td></td><td>学号</td><td></td><td>日期</td><td>年　月　日</td></tr>
<tr><td>序号</td><td colspan="5">评价要点</td><td>配分 / 分</td><td>得分</td><td>总评 / 分</td></tr>
<tr><td>1</td><td colspan="5">能正确识读和填写工作页，明确学习活动的要求</td><td>10</td><td></td><td rowspan="10">A □（86 ~ 100）
B □（76 ~ 85）
C □（60 ~ 75）
D □（60 以下）</td></tr>
<tr><td>2</td><td colspan="5">能描述气门组的作用和气门的工作条件</td><td>10</td><td></td></tr>
<tr><td>3</td><td colspan="5">能正确判断气门组故障，明确气门组故障的检修内容和检修方法</td><td>10</td><td></td></tr>
<tr><td>4</td><td colspan="5">能规范地完成气门组的拆卸</td><td>10</td><td></td></tr>
<tr><td>5</td><td colspan="5">能规范地完成气门组的检查</td><td>20</td><td></td></tr>
<tr><td>6</td><td colspan="5">能规范地完成气门组的安装</td><td>10</td><td></td></tr>
<tr><td>7</td><td colspan="5">能遵守劳动纪律，以积极的态度接受工作任务</td><td>10</td><td></td></tr>
<tr><td>8</td><td colspan="5">能积极参与小组讨论，发挥团队合作精神</td><td>10</td><td></td></tr>
<tr><td>9</td><td colspan="5">能及时完成教师布置的任务</td><td>10</td><td></td></tr>
<tr><td colspan="6">总　分</td><td>100</td><td></td></tr>
<tr><td>小结
建议</td><td colspan="8"></td></tr>
</table>

学习活动 6　气缸密封性的检测

学习目标

1. 能描述气缸压缩压力的定义。

2. 能描述气缸压力表和气缸漏气率检测仪的组成，正确使用气缸压力表和气缸漏气率检测仪。

3. 能分析造成气缸漏气的原因，明确气缸密封不良的检测内容和检测方法。

4. 能规范地完成气缸压力的检测，并能正确分析检测数据。

5. 能规范地完成气缸漏气率的检测，并能正确分析检测数据。

建议学时：4 学时。

学习过程

一、气缸压缩压力的定义

简述气缸压缩压力的定义。

发动机气缸的压缩压力是指活塞压缩到达上止点时气缸内的气体压力。

二、气缸压力表的组成及使用

1．在图 5–6–1 中写出气缸压力表各组成部分的名称。

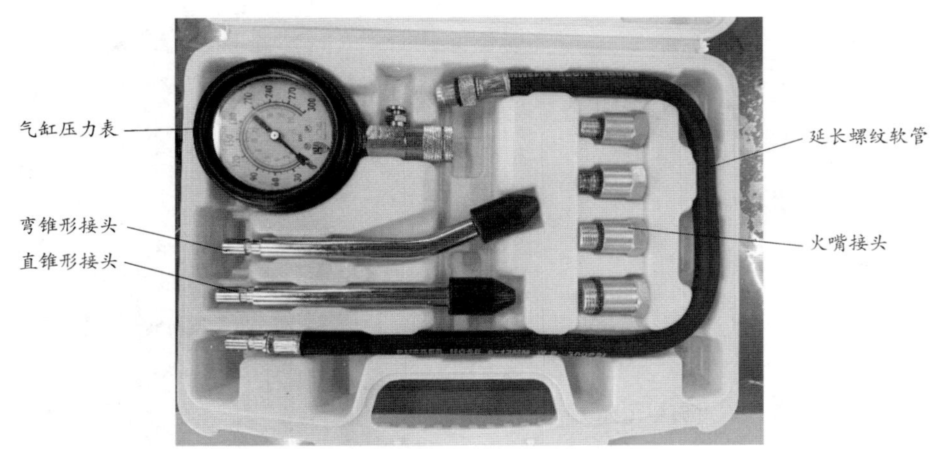

图 5–6–1　气缸压力表

2．观察图 5–6–2 中气缸压力表的表盘，准确读出表中数值：<u>170 psi</u>。

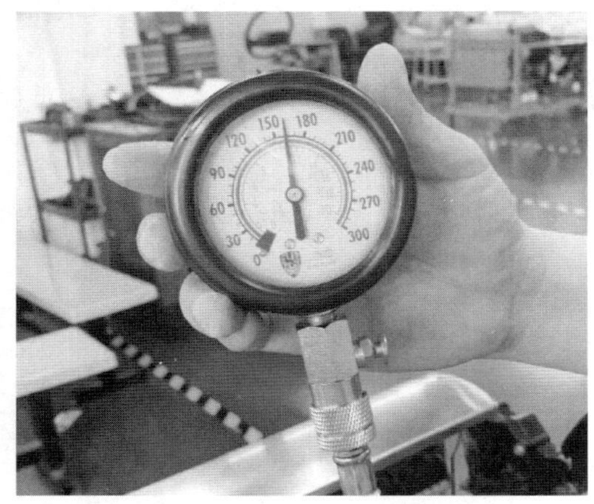

图 5–6–2　气缸压力表的表盘

三、气缸漏气率检测仪的组成及使用

1．在图 5–6–3 中写出气缸漏气率检测仪各组成部分的名称。

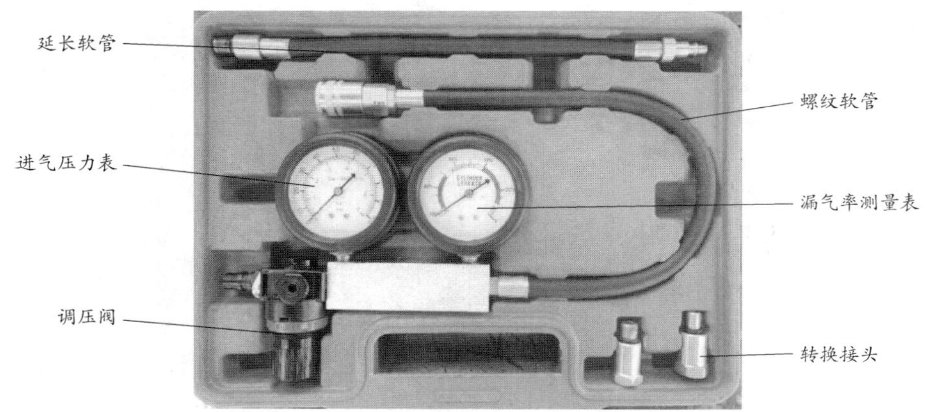

图 5–6–3　气缸漏气率检测仪

2．简述气缸漏气率检测仪的使用方法。

（1）将发动机预热到正常工作温度，然后用压缩空气吹净火花塞孔处的灰尘，拧下所有火花塞，装上充气嘴，将仪器接上外部气源。

（2）卸下发动机分电器盖和分火头，装上指针和活塞定位盘。

（3）摇转曲轴，使被测气缸活塞处于压缩行程上止点位置。

（4）在被测气缸充气嘴上接上转换接头，充入压缩空气，漏气率测量表指针稳定后的读数便反映了该缸的密封性。为使数据可靠，各缸应重复测量一次，每缸测量值取算术平均值。

3．观察图 5–6–4 中气缸漏气率检测仪的表盘，简述气缸漏气率检测仪左、右两个表盘的作用，并准确读出数值。

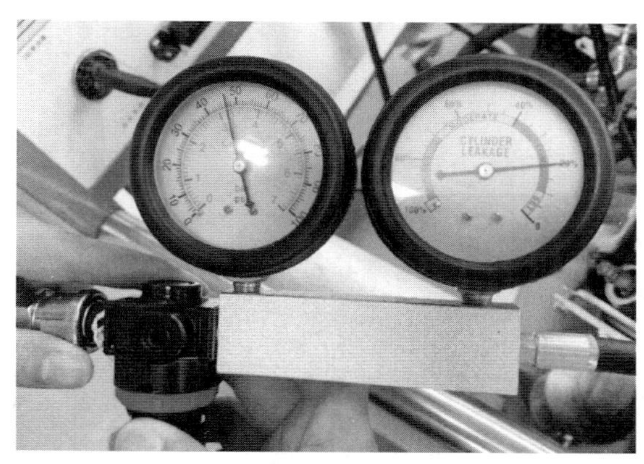

图 5–6–4　气缸漏气率检测仪的表盘

左边表盘的作用：进气压力表，用于读取外接气源的充气压力。

右边表盘的作用：漏气率测量表，用于测量气缸的压力，并将两边的压力进行比较，换算为漏气率显示。

左边表盘数值：46 psi，右边表盘数值：20%。

四、制订检修方案

1．查阅资料，回答下列问题。

（1）简述造成气缸漏气的原因。

1）气缸盖衬垫漏气。

2）气门和气门座密封不良。

3）气门弹簧弹力不足或折断。

4）气门与气门导管卡死。

5）气门挺柱或气门间隙调整垫片变形、开裂。

6）气缸套和活塞环磨损过度，活塞环弹力不足。

7）活塞环因积碳卡死在活塞环槽里。

8）气门间隙过小。

9）喷油器安装孔处漏气。

（2）气缸密封不良时，主要应从哪些方面对其进行检查？采用什么检修方法？

气缸密封不良时，主要应从气缸压力和气缸漏气率两方面进行检查，采用专用测量工具检查。

2．根据具体工作内容，明确小组成员分工，填写表 5–6–1。

表 5–6–1　小组成员分工

姓名	分工

3．根据要求列出维修所需主要工具及材料清单，填写表 5–6–2。

表 5–6–2　维修所需主要工具及材料清单

序号	工具及材料名称	单位	数量	备注

4．根据小组分工情况及客户要求，制订具体的维修工序，填写表 5–6–3。

表 5–6–3　维修工序安排

序号	维修工序内容	备注

五、检测气缸密封性

1．检测气缸压力

检测条件：将发动机预热到正常温度，冷却液温度达到 80 ～ 90 ℃，润滑油温度达到 70 ～ 90 ℃，蓄电池电压充足。断开燃油供给系统并将燃油排净。

检测步骤：

（1）拆除空气滤清器，清理火花塞周围的脏物，拆除全部火花塞。

（2）使节气门处于全开位置。

（3）把气缸压力表的锥形橡胶头插入被测量气缸的火花塞孔内，用手压紧，如图 5–6–5 所示。

（4）用起动机带动发动机转动 3 ～ 5 s，转速为 150 ～ 180 r/min，待气缸压力表指示并保持最大压力读数时停止转动。

（5）记下气缸压力表读数，按下单向阀使气缸压力表指针回零。

（6）按此方法依次测量各气缸的压缩压力，每个气缸测量 3 次，取最大值。各气缸压力值不能低于规定压力值的 80%，各气缸的压力差不得大于规定压力值的 5%。

图 5–6–5　安装气缸压力表

检测结果：

根据以上的检测条件和检测步骤，对发动机各气缸的压力进行检测，自制表格记录检测数据。

数据分析：

（1）若检测数据大于规定值，说明什么？

若检测数据大于规定值，说明燃烧室积碳过多或气缸衬垫过薄，缸体与缸盖接合平面磨损过多。气缸压力过大，会影响发动机的使用寿命。

（2）若检测数据小于规定值，说明什么？

若检测数据小于规定值，可先向该缸火花塞（喷油器）孔内注入少量润滑油，然后重测气缸压力。如果第二次测量值比第一次大，并接近规定值，说明气缸、活塞、活塞环磨损过大或活塞环断裂、卡死及缸壁拉伤，造成气缸密封不良。如果第二次测量值仍达不到规定值，说明进、排气门或气缸衬垫不密封。

2．检测气缸漏气率

检测条件：将发动机预热到正常温度，冷却液温度达到 80 ~ 90 ℃，润滑油温度达到 70 ~ 90 ℃，然后关闭发动机。

检测步骤：

（1）将发动机预热到正常温度后，用压缩空气吹净气缸盖，特别要吹净火花塞孔上的灰尘，拧下所有火花塞，装上充气嘴。

（2）将气缸漏气率检测仪接上气源，在仪器出气口完全密封的情况下，通过调节调压阀，使其压力值符合维修手册的规定。

（3）摇转曲轴，观察带轮的正时标记，使第 1 缸活塞处于压缩行程的上止点位置，如图 5-6-6 所示。

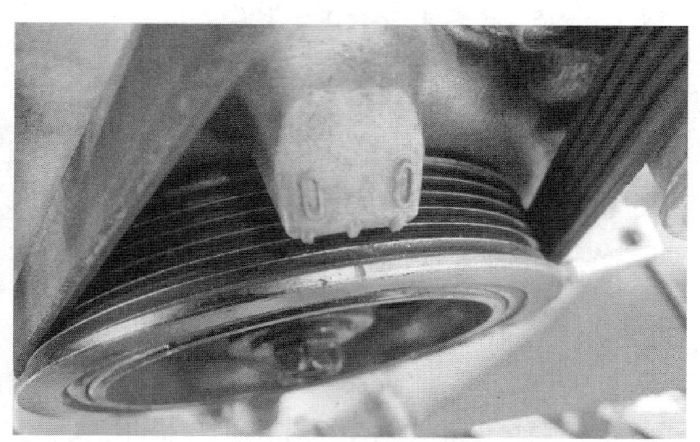

图 5-6-6　正时标记

（4）将气缸漏气率检测仪接到发动机被测的气缸上，如图 5-6-7 所示。向 1 缸充气，读出表上读数，同时听进气口、排气口、散热器加水口和润滑油加注口等处是否有漏气声，以便找出故障部位。

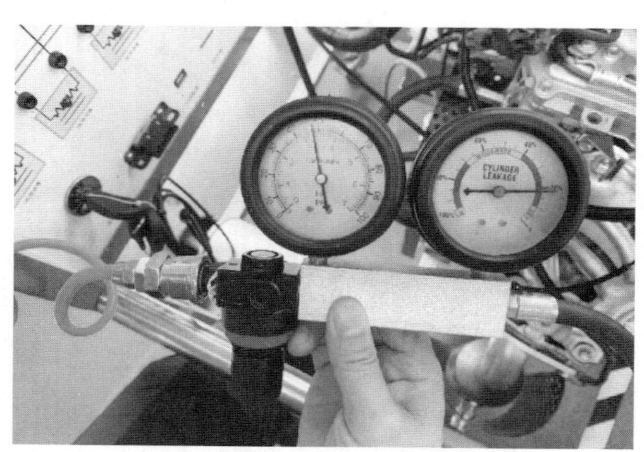

图 5-6-7　安装气缸漏气率检测仪

（5）摇转由轴，使下一个被测量气缸的活塞处于压缩行程的上止点位置，若点火顺序为 1 → 3 → 4 → 2 的四缸发动机，曲轴转过 180°后，3 缸活塞处于压缩行程的上止点位置，则先对 3 缸进行测量，按此方法，直至将所有气缸检测完毕。

（6）为使数据可靠，各气缸应测量 2 次，每缸测量值取算术平均数。

（7）检测完毕后，将调压阀卸压，两表盘读数归零，现场做好 6S 管理。

检测结果：

根据以上的检测条件和检测步骤，对发动机各气缸的漏气率进行检测，自制表格记录检测数据。

数据分析：

（1）若检测数据大于规定值，说明发动机可继续使用。

（2）若检测数据小于规定值，在确认进、排气口和气缸衬垫密封性良好的情况下，可能是气缸、活塞、活塞环配合不当，需更换活塞环或气缸套。

六、学习过程评价

学习过程评价见表 5–6–4。

表 5–6–4　　学习过程评价表

班级		姓名		学号		日期	年　月　日
序号	评价要点				配分 / 分	得分	总评 / 分
1	能正确识读和填写工作页，明确学习活动的要求				10		A □（86 ~ 100） B □（76 ~ 85） C □（60 ~ 75） D □（60 以下）
2	能描述气缸压缩压力的定义				10		
3	能描述气缸压力表和气缸漏气率检测仪的组成，正确使用气缸压力表和气缸漏气率检测仪				10		
4	能查阅资料，分析造成气缸漏气的原因，明确气缸密封不良的检测内容和检测方法				10		
5	能规范地完成气缸压力的检测，并能正确分析检测数据				15		
6	能规范地完成气缸漏气率的检测，并能正确分析检测数据				15		
7	能遵守劳动纪律，以积极的态度接受工作任务				10		
8	能积极参与小组讨论，发挥团队合作精神				10		
9	能及时完成教师布置的任务				10		
总　分					100		
小结建议							

学习活动 7　气门间隙的检测与调整

1. 能描述气门间隙的定义和作用。

2. 能描述气门间隙对发动机工作的影响和两次调整的定义及操作步骤。

3. 能规范地完成气门间隙的检测与调整。

建议学时：2 学时。

学习过程

一、气门间隙的定义和作用

1．简述气门间隙的定义。

气门间隙是指发动机在冷态下，气门关闭时，气门与其相邻的传动件之间的间隙。

2．气门间隙具有什么作用?

气门间隙的作用是补偿气门受热后的膨胀量。

二、制订检修方案

1．查阅资料，回答下列问题。

（1）气门间隙过大，对发动机工作有什么影响?

若气门间隙过大，会造成气门与气门座以及各传动件间发生撞击，并加剧磨损，同时使气门最大开度减小，开启持续时间缩短，换气情况恶化，使发动机的动力性、经济性下降。

（2）气门间隙过小，对发动机工作有什么影响?

若气门间隙过小，则工作时气门及其传动件因受热膨胀而伸长，造成气缸漏气，使发动机的动力性、经济性下降，热启动困难，甚至不能正常工作。

（3）简述两次调整法的定义和操作步骤。

“两次调整法”是指只要把发动机的曲轴摇转两次，就能把多缸发动机的所有气门全部检查并调整好。

“两次调整法”又称“双排不进法”，“双排不进法”的“双”是指处于压缩冲程上止点的缸的两个气门间隙均可调整，“排”是指该缸的排气门间隙可调整，“不”是指处于排气冲程上止点的缸的两个气门间隙均不可调整，“进”是指该缸的进气门间隙可调整。

“两次调整法”的操作步骤如下。

摇转曲轴，根据正时标记找到第一缸压缩行程上止点；根据发动机的工作顺序，按“双、排、不、进”原则确定能调整的气门间隙，然后检查、调整气门间隙；将曲轴再转一圈，使正时标记对准，用同样的方法检查、调整其余气门间隙，直至所有的气门间隙检查、调整完毕。

2．根据具体工作内容，明确小组成员分工，填写表 5-7-1。

表 5-7-1　　小组成员分工

姓名	分工

3．根据要求列出维修所需主要工具及材料清单，填写表 5-7-2。

表 5-7-2　　维修所需主要工具及材料清单

序号	工具及材料名称	单位	数量	备注

4．根据小组分工情况及客户要求，制订具体的维修工序，填写表 5–7–3。

表 5–7–3　　　　维修工序安排

序号	维修工序内容	备注

三、检测与调整气门间隙

1．检测气门间隙

（1）拆下气门室盖的固定螺栓，小心取下气门室盖，注意不要损坏气门室盖衬垫。用抹布清洁气门及摇臂轴上的油污，以方便调整气门间隙。

（2）转动由轴，使 1 缸活塞处于压缩行程的上止点位置。

（3）选出符合规格的塞尺，插入气门杆和气门摇臂（或凸轮）之间，测量气门间隙，如图 5–7–1 所示。

图 5–7–1　检测气门间隙

根据以上的检测步骤，逐缸完成所有气门间隙的检测，自制表格记录检测数据，并查阅维修手册，与标准值对照，写出调整建议。

数据记录：

调整建议：

2．调整气门间隙

（1）松开气门调整螺钉上的固定螺母，把规定厚度的塞尺插入气门间隙处，一手抽拉塞尺，另一手转动调整螺钉，直到塞尺受到阻力为止，如图 5–7–2 所示。

图 5–7–2　调整气门间隙

（2）调整完毕后，保持调整螺钉不动，拧紧固定螺母（图 5–7–3）。

图 5–7–3　拧紧固定螺母

（3）锁紧调整螺钉后，再用塞尺重新测量气门间隙。

根据以上的调整步骤，对不符合要求的气门间隙进行调整，记录调整过程中遇到的问题。

四、学习过程评价

学习过程评价见表 5–7–4。

表 5–7–4　　学习过程评价表

班级		姓名		学号		日期	年　月　日
序号	评价要点				配分 / 分	得分	总评 / 分
1	能正确识读和填写工作页，明确学习活动的要求				10		A □（86 ~ 100） B □（76 ~ 85） C □（60 ~ 75） D □（60 以下）
2	能描述气门间隙的定义和作用				10		
3	能描述气门间隙对发动机工作的影响和两次调整的定义及操作步骤				10		
4	能规范地完成气门间隙的检测				20		
5	能规范地完成气门间隙的调整				20		
6	能遵守劳动纪律，以积极的态度接受工作任务				10		
7	能积极参与小组讨论，发挥团队合作精神				10		
8	能及时完成教师布置的任务				10		
总　分					100		
小结 建议							

学习活动 8　工作总结与评价

学习目标

1. 能以小组形式对学习过程和成果进行汇报总结。
2. 能完成对学习过程的综合评价。

建议学时：2 学时。

学习过程

一、工作总结

在世界技能大赛中，要求选手具有一定的组织规划、沟通、创新等能力，这在实际的生产工作中是十分必要的。以小组为单位，选择演示文稿、展板、海报、视频等形式中的一种或几种，向全班展示、汇报学习成果。

二、综合评价

针对本任务的学习情况，根据表 5-8-1 所列综合评价标准进行评分。

表 5-8-1　综合评价标准

评价项目	评价内容及标准	配分 / 分	评分		
			自我评价	小组评价	教师评价
组织和管理	团队合作，合理计划，高效管理时间	3			
	及时检查工作进展和效果	3			
	保证高质量完成工作	4			
沟通能力	深度咨询客户，完全理解其要求	10			
	提供明确说明，准确回答客户疑问	10			
计划创新能力	及时处理工作中遇到的问题	10			
	提出创新性、可行性建议，提高客户满意度	10			

续表

评价项目	评价内容及标准	配分 / 分	评分		
			自我评价	小组评价	教师评价
专业知识	具备汽车配气机构各零部件的组成、作用、分类、原理等理论知识	10			
	具备汽车发动机动力不足故障检修知识	10			
实践能力	具备汽车发动机正时机构的检查与更换技能	5			
	具备汽车发动机凸轮轴的检查与更换技能	5			
	具备汽车发动机气缸盖的检查与更换技能	5			
	具备汽车发动机气门组的检查与更换技能	5			
	具备汽车发动机气缸密封性的检测技能	5			
	具备汽车发动机气门间隙的检测与调整技能	5			
学生姓名		综合评价得分			
指导教师		日期			

三、学习任务五整体评价

学习任务五整体评价见表 5-8-2。

表 5-8-2 学习任务五整体评价表

项目	自我评价			小组评价			教师评价		
	10 ~ 9 分	8 ~ 6 分	5 ~ 1 分	10 ~ 9 分	8 ~ 6 分	5 ~ 1 分	10 ~ 9 分	8 ~ 6 分	5 ~ 1 分
	占总评 10%			占总评 30%			占总评 60%		
学习活动 1									
学习活动 2									
学习活动 3									
学习活动 4									
学习活动 5									
学习活动 6									
学习活动 7									
学习活动 8									
协作精神									
纪律观念									
表达与分析能力									
工作态度									
任务总体表现									
小计 / 分									
总评 / 分									

世赛知识

国手的选拔

参加世界技能大赛代表国家形象，因此，必须确保选拔出最优秀的选手为国出征。我们在选拔选手时，主要分两个阶段。第一个阶段是全国选拔。这个阶段类似于海选，在各地、各部门初赛的基础上，人力资源和社会保障部组织开展第45届世界技能大赛全国选拔赛，根据选手成绩，最终每个参赛项目约有10人入选国家集训队。第二个阶段是集训选拔。这个阶段主要是依托世界技能大赛中国集训基地，对入选国家集训队的选手进行集训，并根据集训安排进行“十进五”“五进三”“三进二”“二进一”的阶段性考核选拔，最后选出1名最优秀的选手代表祖国出征，可谓大浪淘沙。可以说，最终代表国家出征的参赛选手，每一位都经历了层层选拔，经历了常人无法想象的艰苦历程。正因为如此，他们才能够凭借精湛的技艺和强大的心理素质，最终在国际技能竞赛的舞台上一展身手，取得优异成绩。

我国对世界技能大赛全国选拔赛的组织是非常严密的，每届世界技能大赛全国选拔赛开始前，人力资源和社会保障部都会出台详细的《竞赛技术规则》，要求全国选拔赛本着公平、公正、公开等原则组织实施。

世界技能大赛全国选拔赛与我国的职业技能竞赛是紧密结合的。我国职业技能竞赛始于20世纪50年代，具有广泛的群众基础。我国职业技能竞赛活动实行分级、分类管理。竞赛活动分为国家、省和地市三级。国家级职业技能竞赛活动又分为两类：跨行业、跨地区的竞赛活动为国家级一类竞赛（由人力资源和社会保障部牵头）；单一行业的竞赛活动为国家级二类竞赛（由各行业相关机构会同人力资源和社会保障部共同组织）。

从2004年开始，人力资源和社会保障部将全国各级各类竞赛活动进行整合，组织开展“全国职业技能竞赛系列活动”，每年参加竞赛的企业职工和院校学生超过1 000万人次，涉及上百个职业（工种）。从2014年开始，纳入人力资源和社会保障部竞赛计划的各级各类职业技能竞赛全部冠以“中国技能大赛”的称谓，进一步完善了职业技能竞赛制度。举办中国技能大赛对整体推进我国技能人才队伍建设，激发广大技能劳动者学习业务、钻研技术、提高技能发挥了重要作用。

学习任务六　汽车发动机异响故障检修

学习目标

1. 能描述曲柄连杆机构的作用、组成及工作原理，明确汽车发动机异响故障的检修内容、检修流程及检修方法。

2. 能描述活塞连杆组的作用和组成，正确判断活塞连杆组故障，并能进行活塞连杆组的检查与更换。

3. 能描述曲轴飞轮组的作用和组成，正确判断曲轴飞轮组故障，并能进行曲轴飞轮组的检查与更换。

4. 能描述气缸体的作用、组成、制造材料和分类，正确判断气缸体故障，正确使用量缸表进行气缸体的检查。

5. 能对维修场地的相关设备进行日常维护与保养，按 6S 管理规定清理现场。

6. 能对相关资料、互联网资源进行检索，完成维修工单、工作页的填写。

7. 能展示工作成果，进行任务评价，总结工作经验，优化检修方案。

8. 能在作业过程中严格执行企业操作规范、安全生产制度、环保管理制度，严格遵守从业人员的职业道德，具有吃苦耐劳、爱岗敬业的工作态度和职业责任感。

20 学时。

工作情境描述

一车辆在行驶过程中发动机发出异常的声音，车主将该车辆送入维修站维修，经维修技师检查，初步判断为发动机异响故障。汽车维修人员需要根据维修手册的相关要求，在规定时间内完成发动机曲柄连杆机构的检查与零部件的更换，完成后交付验收。

工作流程与活动

1．曲柄连杆机构的认知（2 学时）

2．活塞连杆组的检查与更换（6 学时）

3．曲轴飞轮组的检查与更换（6 学时）

4．气缸体的检查（4 学时）

5．工作总结与评价（2 学时）

思维导图

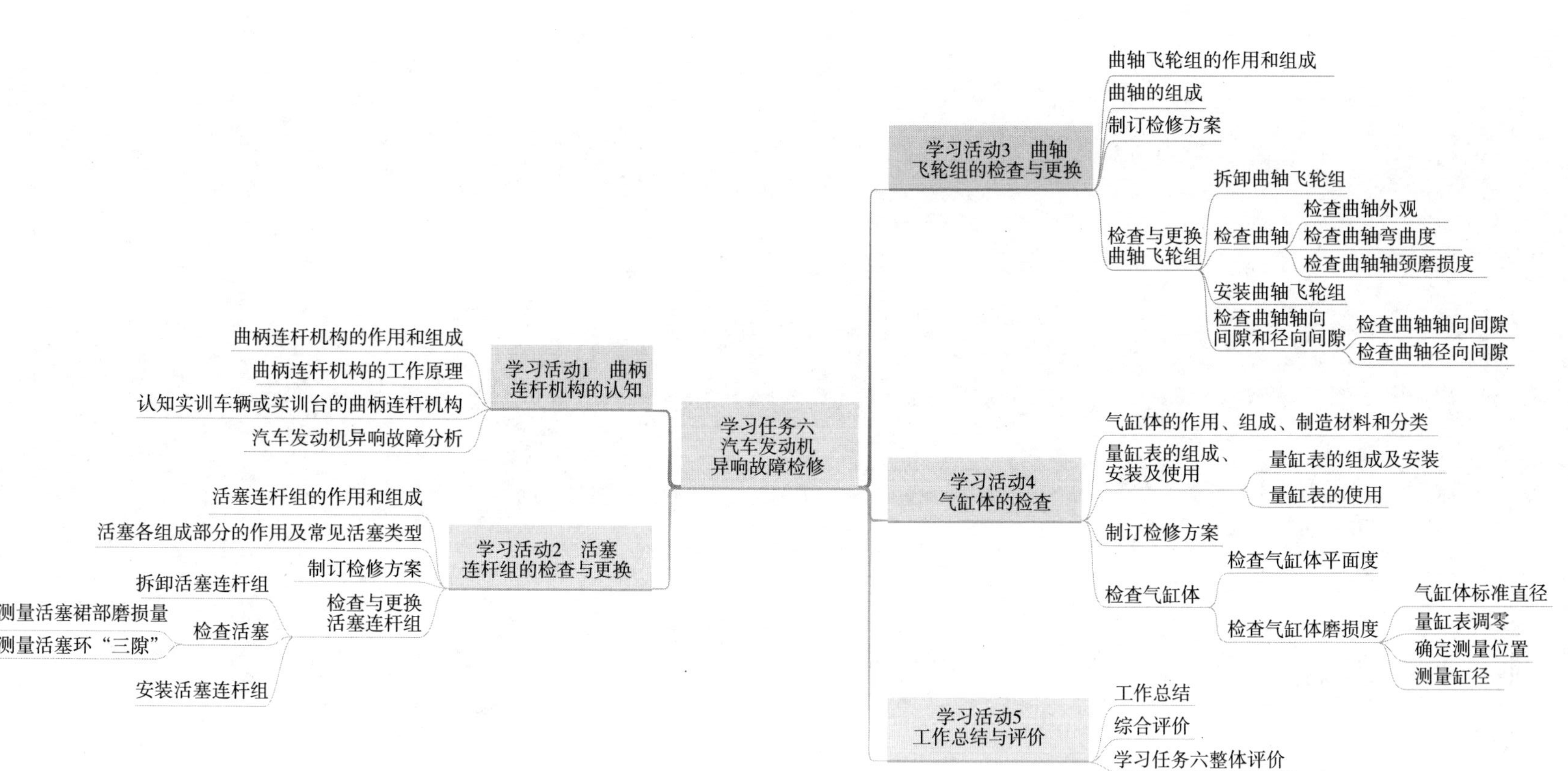
学习任务六
汽车发动机
异响故障检修
学习活动1　曲柄
连杆机构的认知
曲柄连杆机构的作用和组成
曲柄连杆机构的工作原理
认知实训车辆或实训台的曲柄连杆机构
汽车发动机异响故障分析
学习活动2　活塞
连杆组的检查与更换
活塞连杆组的作用和组成
活塞各组成部分的作用及常见活塞类型
制订检修方案
检查与更换
活塞连杆组
拆卸活塞连杆组
检查活塞
测量活塞裙部磨损量
测量活塞环“三隙”
安装活塞连杆组
学习活动3　曲轴
飞轮组的检查与更换
曲轴飞轮组的作用和组成
曲轴的组成
制订检修方案
检查与更换
曲轴飞轮组
拆卸曲轴飞轮组
检查曲轴
检查曲轴外观
检查曲轴弯曲度
检查曲轴轴颈磨损度
安装曲轴飞轮组
检查曲轴轴向
间隙和径向间隙
检查曲轴轴向间隙
检查曲轴径向间隙
学习活动4
气缸体的检查
气缸体的作用、组成、制造材料和分类
量缸表的组成、
安装及使用
量缸表的组成及安装
量缸表的使用
制订检修方案
检查气缸体
检查气缸体平面度
检查气缸体磨损度
气缸体标准直径
量缸表调零
确定测量位置
测量缸径
学习活动5
工作总结与评价
工作总结
综合评价
学习任务六整体评价

学习活动 1　曲柄连杆机构的认知

学习目标

1. 能描述曲柄连杆机构的作用、组成及工作原理。

2. 能在发动机台架上正确找到曲柄连杆机构相关的零部件。

3. 能查阅资料，明确汽车发动机异响故障的检修内容、检修流程及检修方法。

建议学时：2 学时。

学习过程

一、曲柄连杆机构的作用和组成

1．曲柄连杆机构的作用

简述曲柄连杆机构的作用。

曲柄连杆机构是发动机实现能量转换的主要机构，其用于将燃料燃烧后作用在活塞顶部的气体压力转变为曲轴的转矩，并通过曲轴对底盘输出机械能。

2．曲柄连杆机构的组成

曲柄连杆机构由机体组、活塞连杆组及曲轴飞轮组三部分组成，如图 6–1–1 所示。

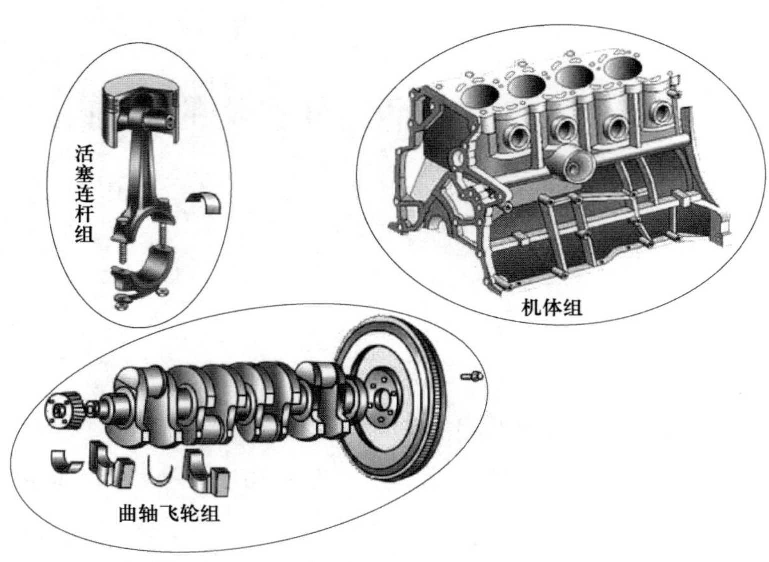

图 6–1–1　曲柄连杆机构的组成

结合图 6–1–1 和表 6–1–1 中的零部件图，认识曲柄连杆机构各组成零部件，并完成表 6–1–1 的填写。

表 6–1–1　　曲柄连杆机构的组成零部件

分组	零部件图	零部件编号	零部件名称
活塞连杆组		1	活塞
		2	连杆
曲轴飞轮组		1	飞轮
		2	曲轴

续表

分组	零部件图	零部件编号	零部件名称
机体组	1 2 3 4 5	1	气缸体
		2	油底壳
		3	气缸盖罩
		4	气缸盖
		5	气缸垫

二、曲柄连杆机构的工作原理

查阅资料，完成下列问题。

1．写出下列发动机专业术语的含义。

（1）发动机排量

发动机排量是指所有气缸工作容积之和，用升（L）表示。

（2）压缩比

压缩比是指发动机混合气体被压缩的程度，用气缸总容积与燃烧室容积之比表示。

（3）工作循环

工作循环包括进气、压缩、做功和排气四个工作过程。

（4）上、下止点

上止点是指活塞在气缸内运动，其活塞顶部处于最高点处的位置，即活塞顶部距离曲轴回转中心最远处。下止点是指活塞在气缸内运动，其活塞顶部处于最低点处的位置，即活塞顶部距离曲轴回转中心最近处。

（5）工作容积

工作容积是指活塞从上止点到下止点所扫过的气体容积。

2．写出图 6–1–2 中汽油发动机的工作过程，并简述每个工作过程曲柄连杆机构的运动情况。

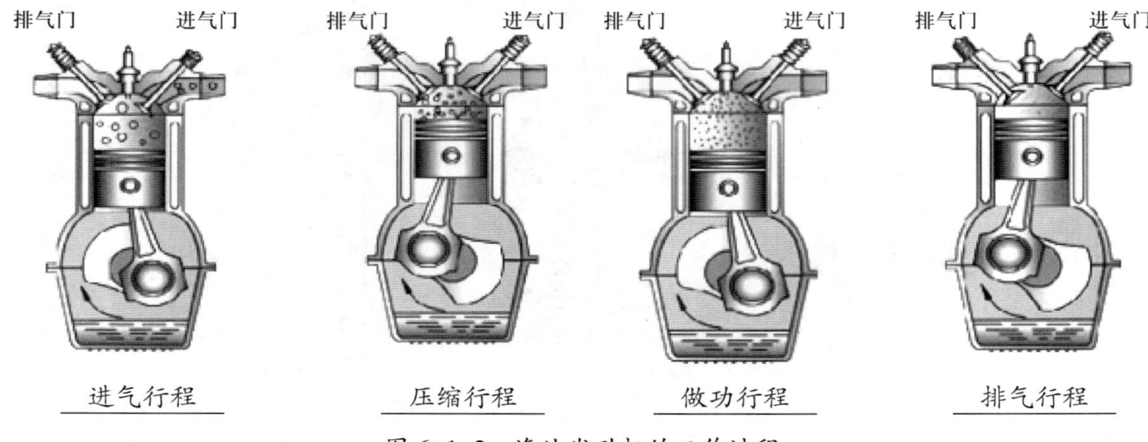

图 6–1–2　汽油发动机的工作过程

进气行程：进气门开启，排气门关闭，活塞由上止点向下止点移动，活塞上方的气缸容积增大，产生真空度，气缸内压力比大气压力小，在此压力下，新鲜空气或者混合气体被吸入气缸。当活塞移动到下止点，进气门关闭时，进气行程结束。

压缩行程：进、排气门都关闭，活塞由下止点向上止点移动，活塞压缩气缸内的混合气体。

做功行程：进、排气门都关闭，在压缩行程接近上止点时，装在气缸盖上方的火花塞发出电火花，点燃压缩的可燃混合气，高温高压燃气推动活塞快速向下止点移动，通过曲柄连杆机构对外做功。

排气行程：进气门关闭，排气门开启，由于这时缸内压力高于大气压力，高温废气迅速排出气缸，这一阶段属于自由排气阶段，随排气过程由自由排气阶段进入强制排气阶段，活塞越过下止点向上止点移动，强制将缸内废气排出，活塞到达上止点时，排气过程结束。

三、认知实训车辆或实训台的曲柄连杆机构

对照实训车辆或实训台的曲柄连杆机构，以小组为单位绘制一张曲柄连杆机构工作原理简图，并向其他组展示和说明该机构各组成零部件的名称、作用和安装位置。

四、汽车发动机异响故障分析

汽车发动机异响可能是发动机曲柄连杆机构故障导致的。根据你对发动机曲柄连杆机构的了解，小组讨论汽车发动机异响时，应主要对发动机曲柄连杆机构的哪些方面进行检修，以及对应的检修流程和检修方法等，将讨论结果填写在下面的横线上并向其他组展示和说明。

五、学习过程评价

学习过程评价见表 6–1–2。

表 6–1–2　学习过程评价表

班级		姓名		学号		日期	年　月　日
序号	评价要点				配分 / 分	得分	总评 / 分
1	能正确识读和填写工作页，明确学习活动的要求				10		A □（86 ~ 100） B □（76 ~ 85） C □（60 ~ 75） D □（60 以下）
2	能描述曲柄连杆机构的作用和组成				10		
3	能查阅资料，分析曲柄连杆机构的工作原理				20		
4	能对照实物，正确说出曲柄连杆机构各组成零部件的名称、作用和安装位置				20		
5	能查阅资料，明确汽车发动机异响故障的检修内容、检修流程及检修方法				10		
6	能遵守劳动纪律，以积极的态度接受工作任务				10		
7	能积极参与小组讨论，发挥团队合作精神				10		
8	能及时完成教师布置的任务				10		
总　分					100		
小结建议							

学习活动 2　活塞连杆组的检查与更换

学习目标

1. 能描述活塞连杆组的作用和组成。

2. 能描述活塞各组成部分的作用及常见活塞类型。

3. 能正确判断活塞连杆组故障，明确活塞连杆组故障的检修内容和检修方法。

4. 能规范地完成活塞连杆组的检查与更换。

建议学时：6 学时。

学习过程

一、活塞连杆组的作用和组成

1．简述活塞连杆组的作用。

活塞连杆组的作用主要是将发动机活塞的往复直线运动转变为曲轴的旋转运动，同时将作用于活塞上的力转变为曲轴对外输出的扭矩，是保证发动机正常动力输出的构件。

2．查阅资料，根据图 6–2–1 所示活塞连杆组的分解图，在表 6–2–1 中填写活塞连杆组各组成零部件的名称。

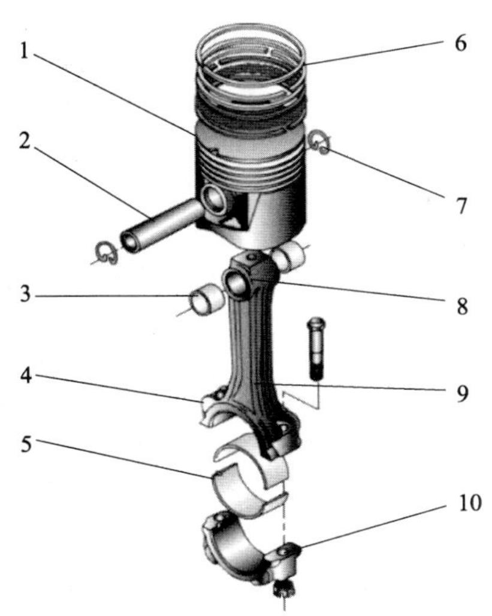

图 6–2–1　活塞连杆组的分解图

表 6–2–1　活塞连杆组的组成零部件

零部件编号	名称	零部件编号	名称
1	活塞	6	活塞环
2	活塞销	7	活塞销卡环
3	连杆衬套	8	连杆小头
4	连杆大头	9	连杆
5	连杆轴瓦	10	连杆轴承盖

二、活塞各组成部分的作用及常见活塞类型

1．活塞由活塞顶部、活塞头部、活塞裙部三部分构成，如图 6–2–2 所示，查阅资料，写出活塞各部分的作用。

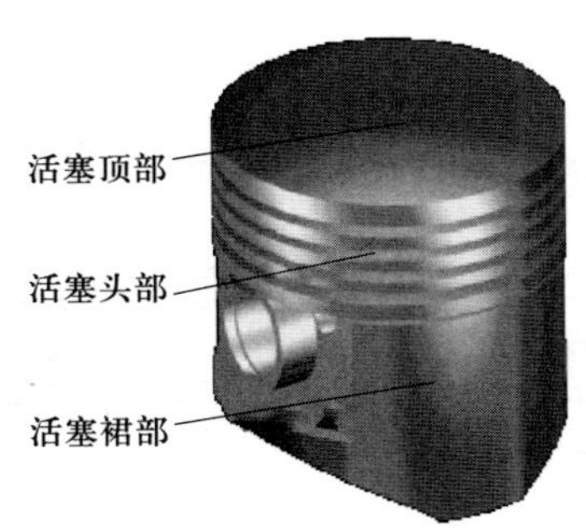

图 6–2–2　活塞的构成

（1）活塞顶部

活塞顶部位于活塞的顶端，是组成燃烧室的一部分，承受气体压力。

（2）活塞头部

活塞头部用于安装活塞环，将活塞顶部吸收的热量通过活塞环传给气缸壁。

（3）活塞裙部

活塞裙部主要起导向、传力作用。

2．观察图 6–2–3 所示不同类型的活塞头部结构，写出对应的活塞名称。

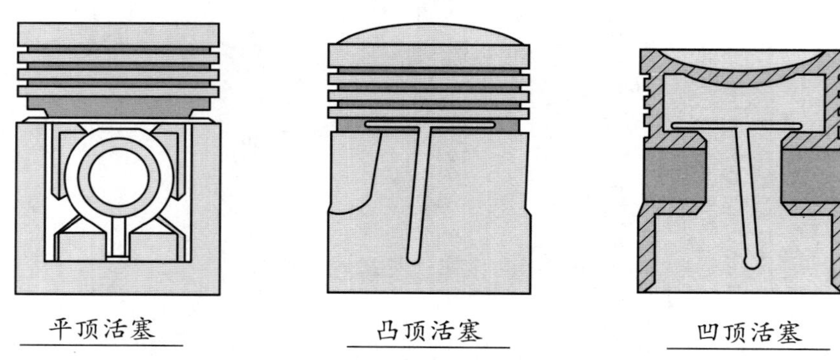

图 6–2–3　不同类型的活塞头部结构

三、制订检修方案

1．查阅资料，回答下列问题。

（1）如何判断活塞连杆组故障?

活塞连杆组故障主要表现为活塞撞缸、顶缸，连杆轴承损坏，活塞环断裂等。

（2）活塞连杆组出现故障时，应主要对其哪些零部件进行检查？采用什么检修方法?

活塞连杆组出现故障时，应主要对活塞和活塞环进行检查（连杆弯曲变形也可能导致活塞连杆组故障，由于对其的检修主要是测量其弯曲度，在实际中很少检测该项目，故此处不再展开）。

检修方法如下。

活塞：使用千分尺测量活塞裙部直径。

活塞环：使用塞尺测量活塞环端隙、侧隙和背隙。

2．根据具体工作内容，明确小组成员分工，填写表 6–2–2。

表 6–2–2　小组成员分工

姓名	分工

3．根据要求列出维修所需主要工具及材料清单，填写表 6–2–3。

表 6–2–3　维修所需主要工具及材料清单

序号	工具及材料名称	单位	数量	备注

4．根据小组分工情况及客户要求，制订具体的维修工序，填写表 6–2–4。

表 6–2–4　维修工序安排

序号	维修工序内容	备注

四、检查与更换活塞连杆组

1．拆卸活塞连杆组

根据表 6–2–5 进行活塞连杆组的拆卸。

表 6–2–5　拆卸活塞连杆组

序号	操作图示	作业要领	完成情况
1	人为做的相应缸数的标记	将活塞连杆组摇转到下止点位置，此时应注意检查活塞、连杆和连杆轴承盖的安装记号	完　成□ 未完成□

续表

序号	操作图示	作业要领	完成情况
2		用扳手拧下连杆轴承固定螺栓，取下连杆轴承盖和轴承	完　成□ 未完成□
3		用锤子木柄由里向外推出活塞连杆组	完　成□ 未完成□
4		将已取下的连杆轴承盖和连杆轴承固定螺栓等按顺序放置，以防错乱	完　成□ 未完成□
5		使用活塞环钳拆卸活塞环，注意： （1）活塞环钳有爪子的部位朝上 （2）拆卸时，先拆第一道气环，再拆第二道气环	完　成□ 未完成□

2．检查活塞

日常检修中基本不对活塞连杆组中的连杆进行检查，因此，这里只检查活塞连杆组中的活塞。

活塞的损伤主要是磨损，包括活塞环槽的磨损、活塞裙部的磨损及活塞销座孔的磨损。其次，活塞刮伤、顶部烧蚀和脱顶等也属于非正常的损伤形式。

（1）测量活塞裙部磨损量

查阅维修手册，确定活塞裙部的测量位置，一般为从活塞底部往上 16 mm。使用千分尺对活塞裙部的磨损量进行测量，如图 6-2-4 所示。查阅维修手册，确定维修极限。完成后填写表 6-2-6。

图 6-2-4　测量活塞裙部磨损量

表 6-2-6　　测量活塞裙部磨损量

项目	活塞裙部磨损量			
	1 缸	2 缸	3 缸	4 缸
测量值				
维修极限				
维修建议				

（2）测量活塞环“三隙”

活塞环“三隙”包括端隙、侧隙和背隙。测量“三隙”前，须对活塞环及活塞环槽进行清洁，去除积碳，保证测量的准确性。

1）测量活塞环端隙。将活塞环放在气缸内，用活塞顶部将活塞环推正，将塞尺塞进活塞环开口处进行端隙测量，如图 6-2-5 所示。完成后填写表 6-2-7。

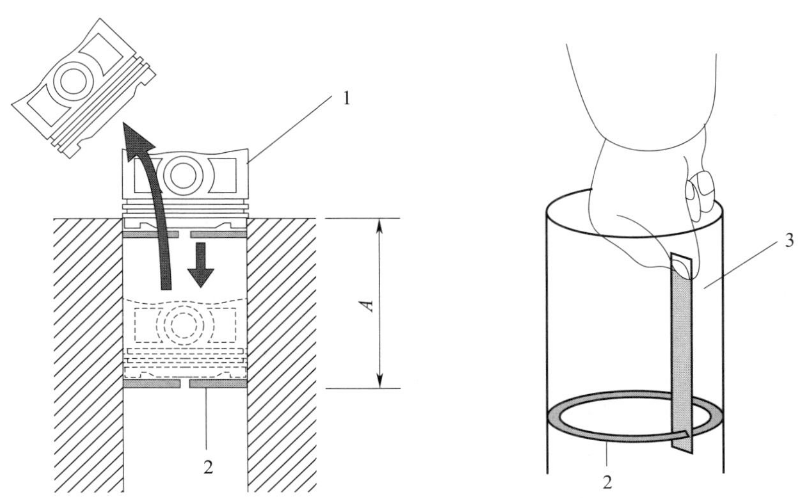

图 6-2-5　测量活塞环端隙

1—活塞　2—活塞环　3—塞尺　*A*—推正深度（约 150 mm）

表 6-2-7 测量活塞环端隙

测量值	
维修标准	
维修建议	

2）测量活塞环侧隙。将活塞环放在环槽内，使活塞环围绕环槽转动一圈，活塞环在环槽内应能转动自如，既无松动又无卡滞现象。

用塞尺测量活塞环侧隙，如图 6-2-6 所示。完成后填写表 6-2-8。

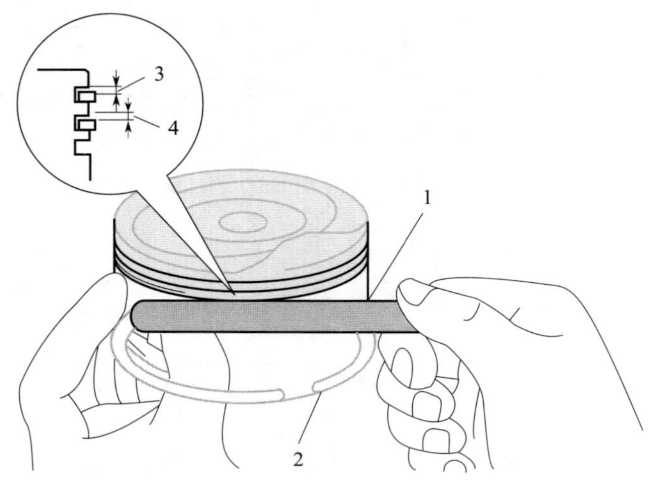

图 6-2-6 测量活塞环侧隙

1—塞尺 2—活塞环 3、4—活塞环侧隙

表 6-2-8 测量活塞环侧隙

测量值	
维修标准	
维修建议	

3）测量活塞环背隙。活塞环背隙的计算方法如下。

活塞环背隙 = 活塞环槽的深度 + 活塞与气缸壁间的间隙 - 活塞环的宽度

将活塞环装进活塞槽时，要求活塞环的宽度比活塞环槽的深度小。由于活塞与气缸壁间的间隙很小，一般此项可忽略不计。

用游标卡尺测量活塞环背隙，如图 6-2-7 所示。完成后填写表 6-2-9。

图 6–2–7　测量活塞环背隙

表 6–2–9　测量活塞环背隙

测量值	
维修标准	
维修建议	

3．安装活塞连杆组

根据表 6–2–10 进行活塞连杆组的安装，并将作业要领补充完整。

表 6–2–10　安装活塞连杆组

序号	操作图示	作业要领	完成情况
1	第一道气环 第二道气环 组合油环	使用活塞环钳完成活塞环安装，注意： （1）活塞环钳爪子朝下 （2）活塞环安装的顺序与拆卸时相反，气环安装时带字母的一面朝上	完　成□ 未完成□
2	标记 顶环 第二环 支撑环 油环	安装时，相邻两道环之间应错开 120°，且不能将开口置于活塞销轴线上	完　成□ 未完成□

续表

序号	操作图示	作业要领	完成情况
3		在气缸内涂上润滑油	完　成□ 未完成□
4		将曲轴摇至下止点位置，按照活塞拆卸时的顺序及朝向，塞入活塞	完　成□ 未完成□
5		用活塞环钳夹住活塞环，将活塞推入气缸内	完　成□ 未完成□
6		装上相应的轴承和连杆轴承盖，使用扭力扳手按汽车维修手册规定的力矩拧紧连杆轴承固定螺栓	完　成□ 未完成□

紧固连杆轴承固定螺栓需要多大力矩？其拧紧顺序遵循什么原则？

经查询维修手册（可根据自身拆装的发动机型号确定扭矩值），紧固连杆轴承盖需加 40 N · m 力矩，并按照从中间往两侧的顺序拧紧螺栓。

五、学习过程评价

学习过程评价见表 6–2–11。

表 6–2–11　　学习过程评价表

<table>
<tr><td>班级</td><td></td><td>姓名</td><td></td><td>学号</td><td></td><td>日期</td><td>年　月　日</td></tr>
<tr><td>序号</td><td colspan="5">评价要点</td><td>配分 / 分</td><td>得分</td><td>总评 / 分</td></tr>
<tr><td>1</td><td colspan="5">能正确识读和填写工作页，明确学习活动的要求</td><td>10</td><td></td><td rowspan="11">A □（86 ~ 100）
B □（76 ~ 85）
C □（60 ~ 75）
D □（60 以下）</td></tr>
<tr><td>2</td><td colspan="5">能描述活塞连杆组的作用和组成</td><td>5</td><td></td></tr>
<tr><td>3</td><td colspan="5">能描述活塞各组成部分的作用及常见活塞类型</td><td>5</td><td></td></tr>
<tr><td>4</td><td colspan="5">能正确判断活塞连杆组故障，明确活塞连杆组故障的检修内容和检修方法</td><td>10</td><td></td></tr>
<tr><td>5</td><td colspan="5">能规范地完成活塞连杆组的拆卸</td><td>10</td><td></td></tr>
<tr><td>6</td><td colspan="5">能规范地完成活塞的检查</td><td>20</td><td></td></tr>
<tr><td>7</td><td colspan="5">能规范地完成活塞连杆组的安装</td><td>10</td><td></td></tr>
<tr><td>8</td><td colspan="5">能遵守劳动纪律，以积极的态度接受工作任务</td><td>10</td><td></td></tr>
<tr><td>9</td><td colspan="5">能积极参与小组讨论，发挥团队合作精神</td><td>10</td><td></td></tr>
<tr><td>10</td><td colspan="5">能及时完成教师布置的任务</td><td>10</td><td></td></tr>
<tr><td colspan="6">总　分</td><td>100</td><td></td></tr>
<tr><td>小结
建议</td><td colspan="8"></td></tr>
</table>

学习活动3　曲轴飞轮组的检查与更换

学习目标

1. 能描述曲轴飞轮组的作用和组成。

2. 能描述曲轴的组成。

3. 能正确判断曲轴飞轮组故障，明确曲轴飞轮组故障的检修内容和检修方法。

4. 能规范地完成曲轴飞轮组的检查与更换。

建议学时：6学时。

学习过程

一、曲轴飞轮组的作用和组成

1．简述曲轴飞轮组的作用。

曲轴飞轮组的作用是把活塞的往复直线运动转变为曲轴的旋转运动，为汽车的行驶和其他需要动力的机构输出扭矩，同时还储存能量，用以克服非做功行程的阻力，使发动机运转平稳。

2．查阅资料，根据图6–3–1所示曲轴飞轮组的结构，在表6–3–1中填写曲轴飞轮组各组成零部件的名称。

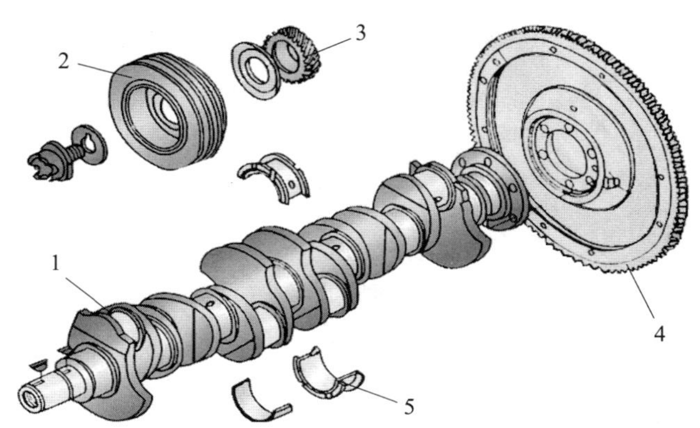

图 6-3-1　曲轴飞轮组的结构

表 6-3-1　　曲轴飞轮组的组成零部件

零部件编号	名称	零部件编号	名称
1	曲轴	4	飞轮
2	带轮	5	轴瓦
3	正时齿轮		

二、曲轴的组成

查阅资料，根据图 6-3-2 所示曲轴的结构，在表 6-3-2 中填写曲轴各组成零部件的名称。

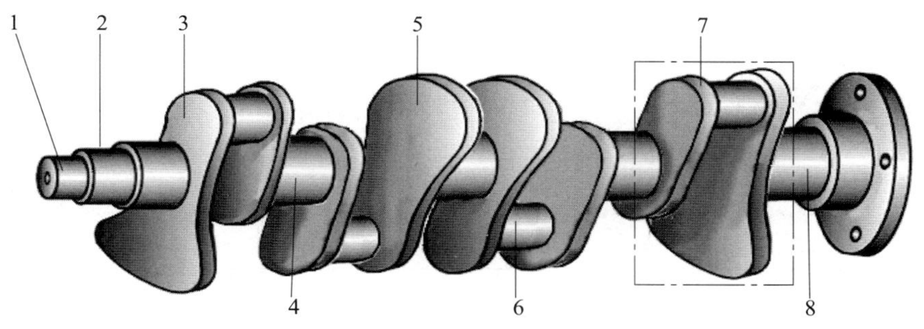

图 6-3-2　曲轴的结构

表 6-3-2　　曲轴的组成零部件

零部件编号	名称	零部件编号	名称
1	带轮轴	5	平衡重
2	前端轴	6	连杆轴颈
3	曲柄	7	曲拐
4	主轴颈	8	后端轴

三、制订检修方案

1．查阅资料，回答下列问题。

（1）如何判断曲轴飞轮组故障?

曲轴飞轮组故障主要表现为曲轴磨损、变形、有裂纹甚至断裂，以及配合间隙不符合要求等。

（2）曲轴飞轮组出现故障时，应主要对其哪些零部件进行检查？采用什么检修方法?

曲轴飞轮组出现故障时，应主要对曲轴外观、弯曲度和轴颈磨损度进行检查。

检修方法如下。

曲轴外观检查：观察法。

曲轴弯曲度检查：用百分表检测弯曲度。

曲轴轴颈磨损度检查：用千分尺测量曲轴主轴颈和连杆轴颈的直径。

（3）更换曲轴飞轮组后，还应对其哪些参数进行测量?

更换曲轴飞轮组后，还应对曲轴的轴向间隙及径向间隙进行测量。

2．根据具体工作内容，明确小组成员分工，填写表 6–3–3。

表 6–3–3　小组成员分工

姓名	分工

3．根据要求列出维修所需主要工具及材料清单，填写表 6–3–4。

表 6–3–4　维修所需主要工具及材料清单

序号	工具及材料名称	单位	数量	备注

4．根据小组分工情况及客户要求，制订具体的维修工序，填写表 6–3–5。

表 6–3–5　维修工序安排

序号	维修工序内容	备注

四、检查与更换曲轴飞轮组

1．拆卸曲轴飞轮组

根据表 6–3–6 进行曲轴飞轮组的拆卸。

表 6–3–6　拆卸曲轴飞轮组

序号	操作图示	作业要领	完成情况
1		将曲轴锁止，松开飞轮螺栓，将飞轮拆下	完　成□ 未完成□
2		拆下曲轴两端的油封，按照从两端到中间的顺序拆下曲轴轴承盖	完　成□ 未完成□

续表

序号	操作图示	作业要领	完成情况
3		取出上轴承盖端的止推片，取出曲轴	完　成□ 未完成□
4		按顺序将拆卸下来的部件摆放整齐	完　成□ 未完成□

对曲轴进行检修前，需要完成曲轴的清洁，写出清洁曲轴的步骤及注意事项。

步骤：

（1）曲轴外观清洁。使用化油器清洗剂对曲轴外表面进行清洁，特别要完成积碳的清洁，并用无尘纸擦拭干净。

（2）曲轴油道清洁。使用高压风枪对曲轴润滑油道进行通风清洁。

注意事项：

清洁过程中需要戴护目镜及胶手套，防止化油器清洗剂溅入眼睛或灼伤皮肤。

2．检查曲轴

（1）检查由轴外观

检查曲轴是否存在严重弯曲，轴颈是否有严重的擦伤、拉毛、麻点等，若出现以上情况，应予以更换。

（2）检查曲轴弯曲度

1）将曲轴第一道和最后一道主轴颈放在 V 形块上，用百分表触头垂直触及中间一道主轴颈。

2）转动曲轴，此时百分表指针所示的最大摆差即为曲轴的弯曲度，如图 6–3–3 所示。完成后填写表 6–3–7。

图 6–3–3　检查曲轴弯曲度

表 6–3–7　　检查曲轴弯曲度

测量值	
维修标准	
维修建议	

（3）检查曲轴轴颈磨损度

1）将曲轴放在 V 形块上。

2）用千分尺分别测量曲轴主轴颈和连杆轴颈的直径，如图 6–3–4 所示。测量方法如下。

图 6–3–4　测量直径

①每个轴颈取前、后两个截面，每个截面取相互垂直的两个直径进行测量（应当避开润滑油加注口），记录数据。

②计算轴颈的圆度值及圆柱度值，确定轴颈磨损度，其中：圆度 = 同一截面的两个垂直直径之差 /2，圆柱度 = 同一轴颈所有直径中最大值与最小值之差 /2。

3）查阅维修手册，确定曲轴的维修极限，完成主轴颈磨损度表（表 6–3–8）、连杆轴颈磨损度表（表 6–3–9）的填写。

表 6-3-8　　主轴颈磨损度表

项目	主轴颈磨损度									
	第一道		第二道		第三道		第四道		第五道	
	前	后	前	后	前	后	前	后	前	后
纵向直径										
横向直径										
圆度误差										
圆柱度误差										
维修极限										
维修建议										

表 6-3-9　　连杆轴颈磨损度表

项目	连杆轴颈磨损度							
	第一道		第二道		第三道		第四道	
	前	后	前	后	前	后	前	后
纵向直径								
横向直径								
圆度误差								
圆柱度误差								
维修极限								
维修建议								

3．安装曲轴飞轮组

根据表 6-3-10 进行曲轴飞轮组的安装。

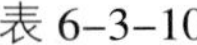

表 6-3-10　　安装曲轴飞轮组

序号	操作图示	作业要领	完成情况
1		用抹布擦净曲轴轴承和轴瓦，在下轴瓦上涂适当的润滑油，安装上、下止推片	完　成□ 未完成□
2		将曲轴抬上气缸体，并在轴颈上涂抹润滑油，转动曲轴至顺滑状态，注意下止推片不能滑出	完　成□ 未完成□
3		按照拆卸时标记的顺序和方向正确装入轴承盖，将上止推片装进中间的轴承盖两侧，旋紧轴承盖固定螺栓	完　成□ 未完成□
4		按照从中间往两端的顺序旋紧轴承盖螺栓，并根据维修手册的要求，使用扭力扳手、角度计等完成轴承盖螺栓的加固	完　成□ 未完成□

续表

序号	操作图示	作业要领	完成情况
5		安装前、后油封盖	完　成□ 未完成□
6		固定曲轴，安装飞轮	完　成□ 未完成□

4．检查曲轴轴向间隙和径向间隙

（1）检查由轴轴向间隙

用撬棒前后拨动曲轴曲柄臂，将塞尺塞进曲轴止推片与缸体之间，厚度最大值即为曲轴的轴向间隙，如图 6-3-5 所示。查阅维修手册，确定维修极限，并填写表 6-3-11。

若曲轴轴向间隙过大或过小，可通过止推片调整。

图 6-3-5　检查曲轴轴向间隙

表 6-3-11　　检查曲轴轴向间隙

测量值	
维修极限	
维修建议	

查阅资料，简述如何使用百分表完成曲轴轴向间隙的测量。

将曲轴按照规定的力矩安装在气缸体上，锁紧所有的曲轴轴承盖，用百分表触杆顶在曲轴平衡重上，再用撬棒将曲轴前后撬动，观察表针摆动数值。当轴向间隙过大或过小时，应更换或修刮止推垫圈进行调整。

（2）检查曲轴径向间隙

在曲轴及其轴承盖之间纵向放入专用塑料间隙规，按照维修手册的扭矩要求拧紧轴承盖，注意拧紧过程中应防止曲轴转动。

拆下轴承盖，取出已压展的塑料间隙规，与附带有不一样宽度色标的量规进行对比，所标示的值即为径向间隙，如图 6-3-6 所示。查阅维修手册，确定维修极限，并填写表 6-3-12。

若曲轴径向间隙过大或过小，可通过轴瓦调整。

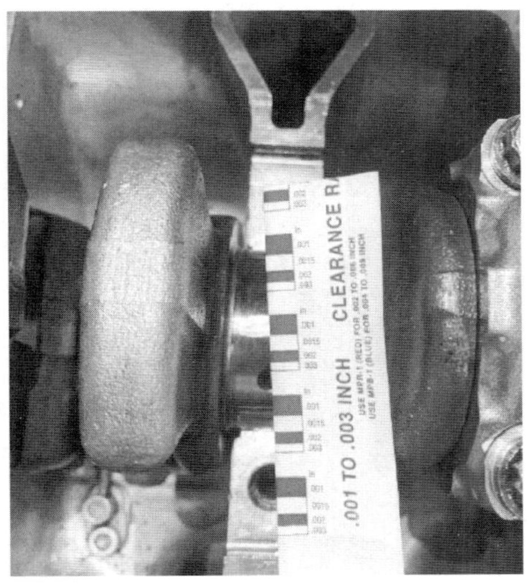

图 6-3-6　检查曲轴径向间隙

表 6-3-12　　检查曲轴径向间隙

测量值	
维修极限	
维修建议	

五、学习过程评价

学习过程评价见表 6–3–13。

表 6–3–13 学习过程评价表

<table>
<tr><td>班级</td><td></td><td>姓名</td><td></td><td>学号</td><td></td><td>日期</td><td>年　月　日</td></tr>
<tr><td>序号</td><td colspan="5">评价要点</td><td>配分 / 分</td><td>得分</td><td>总评 / 分</td></tr>
<tr><td>1</td><td colspan="5">能正确识读和填写工作页，明确学习活动的要求</td><td>10</td><td></td><td rowspan="12">A □（86 ～ 100）
B □（76 ～ 85）
C □（60 ～ 75）
D □（60 以下）</td></tr>
<tr><td>2</td><td colspan="5">能描述曲轴飞轮组的作用和组成</td><td>5</td><td></td></tr>
<tr><td>3</td><td colspan="5">能描述曲轴的组成</td><td>5</td><td></td></tr>
<tr><td>4</td><td colspan="5">能正确判断曲轴飞轮组故障，明确曲轴飞轮组故障的检修内容和检修方法</td><td>10</td><td></td></tr>
<tr><td>5</td><td colspan="5">能规范地完成曲轴飞轮组的拆卸</td><td>10</td><td></td></tr>
<tr><td>6</td><td colspan="5">能规范地完成曲轴的检查</td><td>10</td><td></td></tr>
<tr><td>7</td><td colspan="5">能规范地完成曲轴飞轮组的安装</td><td>10</td><td></td></tr>
<tr><td>8</td><td colspan="5">能规范地完成曲轴轴向间隙和径向间隙的检查</td><td>10</td><td></td></tr>
<tr><td>9</td><td colspan="5">能遵守劳动纪律，以积极的态度接受工作任务</td><td>10</td><td></td></tr>
<tr><td>10</td><td colspan="5">能积极参与小组讨论，发挥团队合作精神</td><td>10</td><td></td></tr>
<tr><td>11</td><td colspan="5">能及时完成教师布置的任务</td><td>10</td><td></td></tr>
<tr><td colspan="6">总　分</td><td>100</td><td></td></tr>
<tr><td>小结
建议</td><td colspan="8"></td></tr>
</table>

学习活动 4　气缸体的检查

学习目标

1. 能描述气缸体的作用、组成、制造材料和分类。

2. 能描述量缸表的组成，正确安装和使用量缸表。

3. 能正确判断气缸体故障，明确气缸体故障的检修内容和检修方法。

4. 能完成气缸体的检查。

建议学时：4 学时。

学习过程

一、气缸体的作用、组成、制造材料和分类

1．简述气缸体的作用。

气缸体是构成发动机的骨架，是发动机各机构和各系统的安装基础，其内、外安装着发动机的所有主要零件和附件，承受各种载荷。

2．气缸体是活塞做往复运动的通道，是发动机的核心部位。查阅资料，根据图 6–4–1 所示气缸体的结构，在表 6–4–1 中填写气缸体各组成零部件的名称。

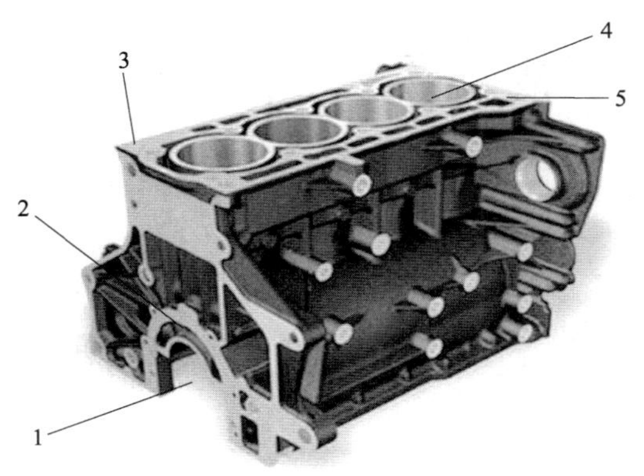

图 6–4–1　气缸体的结构

表 6-4-1 气缸体的组成零部件

零部件编号	名称	零部件编号	名称
1	曲轴箱	4	气缸
2	曲轴主轴承座	5	气缸冷却液道
3	气缸体上平面		

3．气缸体一般是用什么材料制造的?

气缸体一般由灰铸铁、合金铸铁或者铝合金等材料铸造。

4．在对应的示意图下方写出不同类型气缸体的名称。

（1）按照结构分类（图 6-4-2）

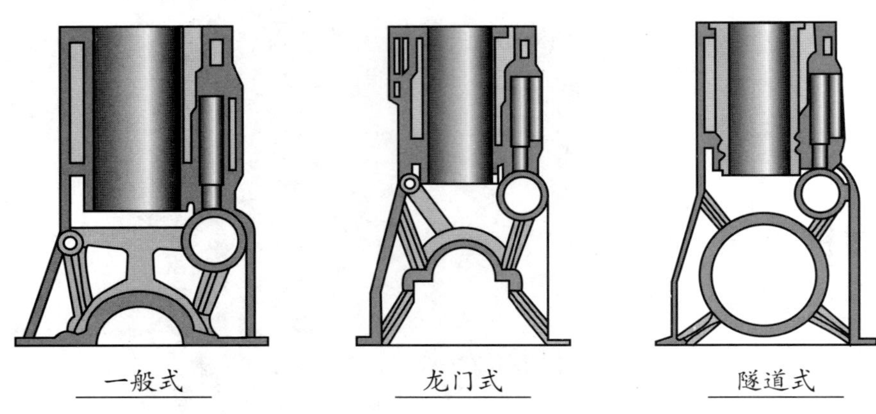

图 6-4-2 按照结构分类

（2）按照冷却方式分类（图 6-4-3）

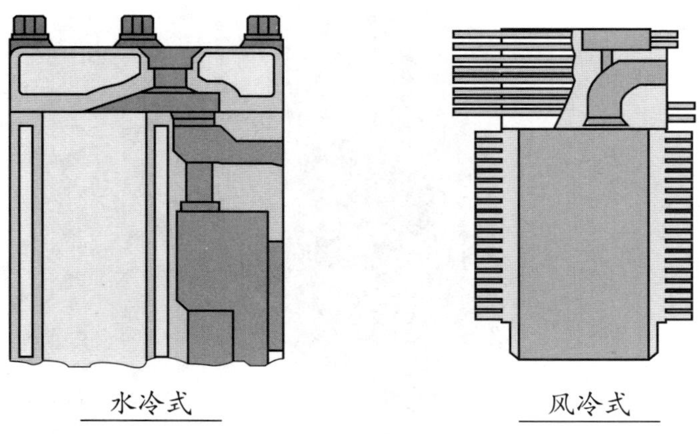

图 6-4-3 按照冷却方式分类

二、量缸表的组成、安装及使用

1．量缸表的组成及安装

量缸表又称内径百分表，是一种用于测量孔径的比较性量具，在汽车维修中主要用于测量发动机气缸的直径。

图 6-4-4 所示为量缸表的结构组成。

安装量缸表时，将百分表装进手柄主体，预压约 1 mm，锁紧百分表；选择合适的测量杆，旋进并锁紧。

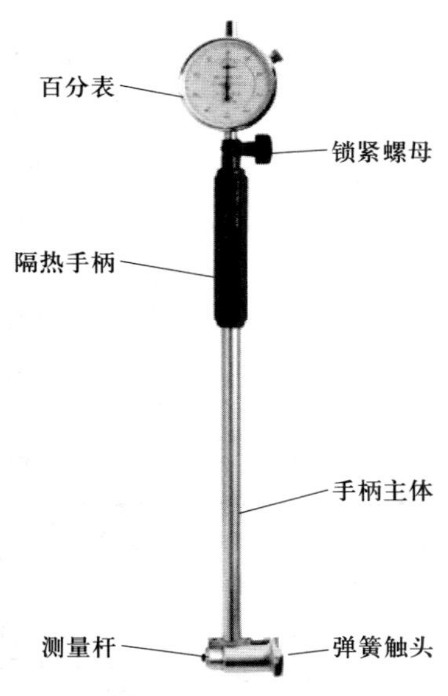

图 6-4-4 量缸表的结构组成

简述测量杆的选择依据。

量缸表的测量范围一般为 6 ~ 10 mm、10 ~ 18 mm、18 ~ 35 mm、35 ~ 50 mm、50 ~ 100 mm、100 ~ 160 mm、160 ~ 250 mm、250 ~ 450 mm。测量前，可查阅汽车维修手册或使用游标卡尺内径爪测量气缸上止点位置附件的缸内直径，再根据缸内直径选择合适的测量杆进行测量。

2．量缸表的使用

简述量缸表的使用方法。

（1）把百分表装在手柄上端，调整好表盘的朝向，以便于观察。

（2）根据气缸的直径，选择合适的测量杆，并将其固定在手柄的下端。

（3）校正量缸表的尺寸，将千分尺调整到被测气缸的标准尺寸，再将量缸表校准到千分尺的尺寸，并使测量杆有 2 mm 左右的压缩量。旋转表盘，使表针对准零位。

三、制订检修方案

1．查阅资料，回答下列问题。

（1）如何判断气缸体故障?

气缸体故障主要表现为气缸套磨损、气缸上表面出现渗漏等。

（2）气缸体出现故障时，应主要从哪些方面对其进行检查？采用什么检修方法？

气缸体出现故障时，应主要对其平面度、磨损度以及有无裂纹进行检查，采用测量法和目视法等进行检修。

2．根据具体工作内容，明确小组成员分工，填写表 6–4–2。

表 6–4–2　小组成员分工

姓名	分工

3．根据要求列出维修所需主要工具及材料清单，填写表 6–4–3。

表 6–4–3　维修所需主要工具及材料清单

序号	工具及材料名称	单位	数量	备注

4．根据小组分工情况及客户要求，制订具体的维修工序，填写表 6–4–4。

表 6–4–4　维修工序安排

序号	维修工序内容	备注

四、检查气缸体

1．检查气缸体平面度

使用刀口形直尺、塞尺对气缸体上平面横向 1、横向 2、纵向 1、纵向 2 及对角 1、对角 2 六个方向每个方向漏光量最多的地方进行测量，记录最大值，如图 6–4–5 所示。查阅维修手册，确定气缸体上平面的维修极限，并填写表 6–4–5。

图 6–4–5　检查气缸体平面度

表 6–4–5　检查气缸体平面度

项目	气缸体平面度					
	横向 1	横向 2	纵向 1	纵向 2	对角 1	对角 2
位置 1 测量值						
位置 2 测量值						
位置 3 测量值						

续表

项目	气缸体平面度					
	横向 1	横向 2	纵向 1	纵向 2	对角 1	对角 2
位置 4 测量值						
位置 5 测量值						
维修极限						
维修建议						

2．检查气缸体磨损度

（1）气缸体标准直径

查阅汽车维修手册，获取气缸体的标准直径。

（2）量缸表调零

使用台虎钳将千分尺夹紧，将千分尺读数调至气缸体的标准直径值，将装好的量缸表表头调零，并将量缸表压进千分尺预设的量程内，如图 6–4–6 所示，观察量缸表表头的转动情况。为方便读数，建议将量缸表压进千分尺时，表头刚好转动 1 圈，以完成调零。

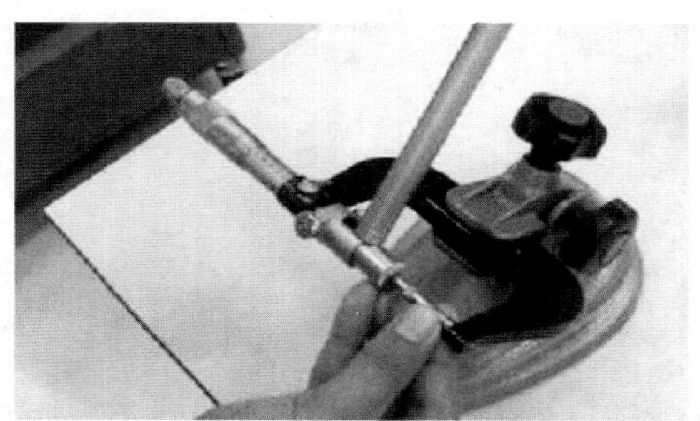

图 6–4–6　量缸表调零

量缸表调零的方法很多，简述除以上方法外其他常用的调零方法，并进行实践。

（3）确定测量位置

分别用量缸表对气缸体上、中、下三个截面横、纵两个方向进行测量，如图 6-4-7 所示，其中上截面为距气缸体上端面 10 mm 处的截面，下截面为从气缸套底部往上 10 mm 处的截面，中截面为气缸套中间位置处的截面。

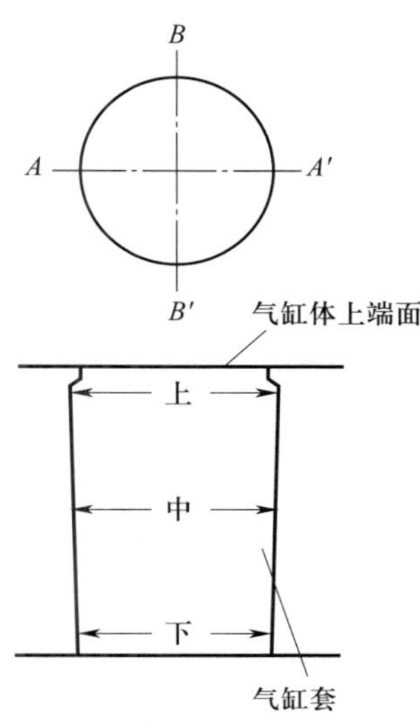

图 6-4-7　确定测量位置

（4）测量缸径

将量缸表的测量杆以一定的角度放进气缸中，然后用手压住量缸表的隔热手柄，慢慢移动杆身，使其与气缸轴线平行。

左右或上下移动量缸表，找到最短距离的位置，该位置即为气缸内径的测量位置，读出该位置量缸表距满圈的数值。

检查结束，完成表 6-4-6 的填写。

表 6-4-6　检查气缸体磨损度

项目	气缸体磨损度											
	第 1 缸			第 2 缸			第 3 缸			第 4 缸		
	上	中	下	上	中	下	上	中	下	上	中	下
纵向直径												
横向直径												
圆度误差												

续表

项目	气缸体磨损度											
	第 1 缸			第 2 缸			第 3 缸			第 4 缸		
	上	中	下	上	中	下	上	中	下	上	中	下
圆柱度误差												
标准缸径												
维修建议												

五、学习过程评价

学习过程评价见表 6–4–7。

表 6–4–7　学习过程评价表

班级		姓名		学号		日期	年　月　日
序号	评价要点				配分 / 分	得分	总评 / 分
1	能正确识读和填写工作页，明确学习活动的要求				10		A □（86 ~ 100） B □（76 ~ 85） C □（60 ~ 75） D □（60 以下）
2	能描述气缸体的作用、组成、制造材料和分类				10		
3	能描述量缸表的组成，正确安装和使用量缸表				10		
4	能正确判断气缸体故障，明确气缸体故障的检修内容和检修方法				10		
5	能规范地完成气缸体平面度的检查				10		
6	能规范地完成气缸体磨损度的检查				20		
7	能遵守劳动纪律，以积极的态度接受工作任务				10		
8	能积极参与小组讨论，发挥团队合作精神				10		
9	能及时完成教师布置的任务				10		
总　分					100		
小结建议							

学习活动 5　工作总结与评价

学习目标

1. 能以小组形式对学习过程和成果进行汇报总结。
2. 能完成对学习过程的综合评价。

建议学时：2 学时。

学习过程

一、工作总结

在世界技能大赛中，要求选手具有一定的组织规划、沟通、创新等能力，这在实际的生产工作中是十分必要的。以小组为单位，选择演示文稿、展板、海报、视频等形式中的一种或几种，向全班展示、汇报学习成果。

二、综合评价

针对本任务的学习情况，根据表 6–5–1 所列综合评价标准进行评分。

表 6–5–1　　综合评价标准

评价项目	评价内容及标准	配分 / 分	评分		
			自我评价	小组评价	教师评价
组织和管理	团队合作，合理计划，高效管理时间	3			
	及时检查工作进展和效果	3			
	保证高质量完成工作	4			
沟通能力	深度咨询客户，完全理解其要求	10			
	提供明确说明，准确回答客户疑问	10			
计划创新能力	及时处理工作中遇到的问题	10			
	提出创新性、可行性建议，提高客户满意度	10			

续表

评价项目	评价内容及标准	配分 / 分	评分		
			自我评价	小组评价	教师评价
专业知识	具备汽车曲柄连杆机构各零部件的作用、组成、原理等理论知识	10			
	具备汽车发动机异响故障检修知识	10			
实践能力	具备汽车发动机活塞连杆组的检查与更换技能	10			
	具备汽车发动机曲轴飞轮组的检查与更换技能	10			
	具备汽车发动机气缸体的检查技能	10			
学生姓名		综合评价得分			
指导教师		日期			

三、学习任务六整体评价

学习任务六整体评价见表 6–5–2。

表 6–5–2　　学习任务六整体评价表

项目	自我评价			小组评价			教师评价		
	10 ~ 9 分	8 ~ 6 分	5 ~ 1 分	10 ~ 9 分	8 ~ 6 分	5 ~ 1 分	10 ~ 9 分	8 ~ 6 分	5 ~ 1 分
	占总评 10%			占总评 30%			占总评 60%		
学习活动 1									
学习活动 2									
学习活动 3									
学习活动 4									
学习活动 5									
协作精神									
纪律观念									
表达与分析能力									
工作态度									
任务总体表现									
小计 / 分									
总评 / 分									

世赛知识

汽车技术项目中国获奖选手

汽车技术项目是指选手在汽修车间进行汽车检测、故障诊断以及维护修理的竞赛项目。比赛中对选手的技能要求主要包括：目视检查，使用测试仪器与故障诊断仪器进行测量、检测，对数据（流）进行分析，诊断车辆各系统的故障并排除；具备良好的逻辑思维能力，能进行电气系统的构建和测试；可完成制动稳定性控制系统、悬挂及转向系统、发动机力学性能测试与修理，具备传动装置和组件维护、柴油系统和汽油发动机管理等问题的诊断及检修能力。

奖牌榜（2011—2019 年）

赛事	金牌	银牌	铜牌
第41届世界技能大赛	瑞士 日本	—	英国
第42届世界技能大赛	澳大利亚	韩国 意大利南蒂罗尔	瑞士
第43届世界技能大赛	韩国 巴西	—	中国台北
第44届世界技能大赛	中国台北	中国(杨文浩)	日本 马来西亚
第45届世界技能大赛	俄罗斯	中国(王桢) 中国台北	—

学习任务七　汽车发动机机油警告灯亮故障检修

学习目标

1. 能描述润滑系统作用、结构、类型及工作原理，明确汽车发动机机油警告灯亮故障的检修内容、检修流程及检修方法。

2. 能描述机油的作用和牌号、机油滤清器的结构和作用，分析造成发动机漏油的原因，并能进行机油及机油滤清器的检查与更换。

3. 能描述机油压力传感器的作用和工作原理，分析造成机油压力异常的原因，正确使用机油压力表测量机油的压力，并根据机油压力的测量结果，选用合适的方法排除机油压力异常故障。

4. 能描述机油泵的类型、特点、结构和工作原理，分析机油泵损坏对发动机的影响，并能进行机油泵的检查与更换。

5. 能对维修场地的相关设备进行日常维护与保养，按6S管理规定清理现场。

6. 能对相关资料、互联网资源进行检索，完成维修工单、工作页的填写。

7. 能展示工作成果，进行任务评价，总结工作经验，优化检修方案。

8. 能在作业过程中严格执行企业操作规范、安全生产制度、环保管理制度，严格遵守从业人员的职业道德，具有吃苦耐劳、爱岗敬业的工作态度和职业责任感。

建议学时

20学时。

工作情境描述

一辆丰田凯美瑞轿车在行驶过程中出现发动机机油警告灯点亮的现象，且发动机舱发出尖锐的声音，车主将该车辆送入维修站维修，经维修技师检查，初步判断为发动机润滑系统故障。汽车维修人员需要根据维修手册的相关要求，在规定时间内完成发动机润滑系统的检查与零部件的更换，完成后交付验收。

工作流程与活动

1．润滑系统的认知（2 学时）

2．机油及机油滤清器的检查与更换（6 学时）

3．机油压力的检测（4 学时）

4．机油泵的检查与更换（6 学时）

5．工作总结与评价（2 学时）

思维导图

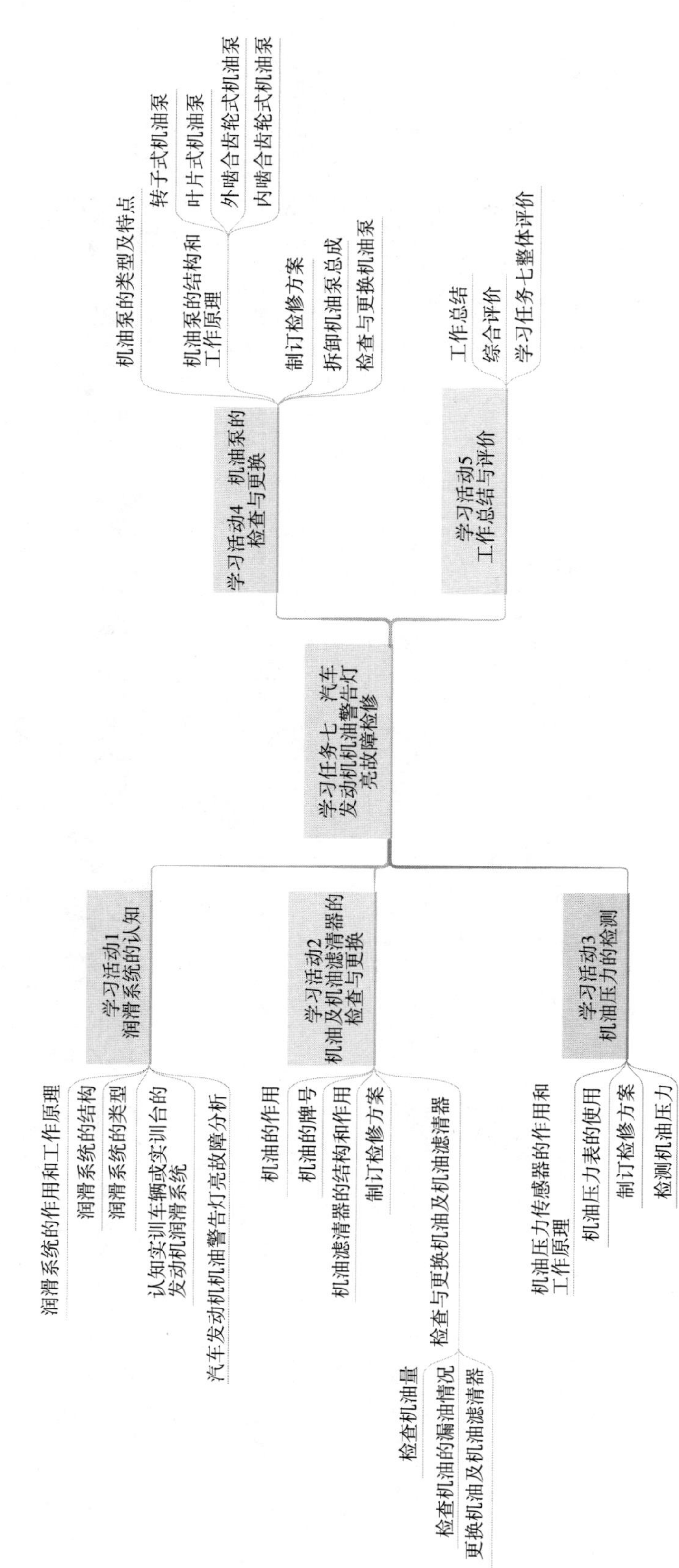
学习任务七 汽车发动机机油警告灯亮故障检修
学习活动1 润滑系统的认知
润滑系统的作用和工作原理
润滑系统的结构
润滑系统的类型
认知实训车辆或实训台的发动机润滑系统
汽车发动机机油警告灯亮故障分析
学习活动2 机油及机油滤清器的检查与更换
机油的作用
机油的牌号
机油滤清器的结构和作用
制订检修方案
检查与更换机油及机油滤清器
检查机油量
检查机油的漏油情况
更换机油及机油滤清器
学习活动3 机油压力的检测
机油压力传感器的作用和工作原理
机油压力表的使用
制订检修方案
检测机油压力
学习活动4 机油泵的检查与更换
机油泵的类型及特点
机油泵的结构和工作原理
转子式机油泵
叶片式机油泵
外啮合齿轮式机油泵
内啮合齿轮式机油泵
制订检修方案
拆卸机油泵总成
检查与更换机油泵
学习活动5 工作总结与评价
工作总结
综合评价
学习任务七整体评价

学习活动1　润滑系统的认知

学习目标

1. 能描述润滑系统的作用和工作原理。

2. 能描述润滑系统的结构和类型。

3. 能在发动机台架上正确找到润滑系统相关的零部件。

4. 能通过查阅资料，明确汽车发动机机油警告灯亮故障的检修内容、检修流程及检修方法。

建议学时：2学时。

学习过程

一、润滑系统的作用和工作原理

1．简述润滑系统的作用。

润滑系统的作用是在发动机工作时连续不断地把数量足够、温度适当的洁净机油输送到全部传动件的摩擦表面，并在摩擦表面之间形成油膜，实现液体摩擦，从而减小摩擦阻力，降低功率消耗，减轻机件磨损，以达到提高发动机工作可靠性和耐久性的目的。

2．简述润滑系统的工作原理。

当发动机工作时，机油从油底壳经集滤器被机油泵送入机油滤清器。如果油压太高，则机油经机油泵上的安全阀返回机油泵入口，机油经机油滤清器滤清之后进入发动机主油道。机油滤清器盖上设有旁通阀，当机油滤清器堵塞时，机油不经过机油滤清器滤清，而是由旁通阀直接进入主油道，机油经主油道润滑发动机所有传动件的摩擦表面，然后通过各传动件溢出的机油冲刷带出工件摩擦产生的金属屑、杂物等，回流到油底壳。

二、润滑系统的结构

1．查阅资料，根据图 7–1–1 所示的发动机润滑系统的结构，在表 7–1–1 中填写发动机润滑系统各组成零部件的名称。

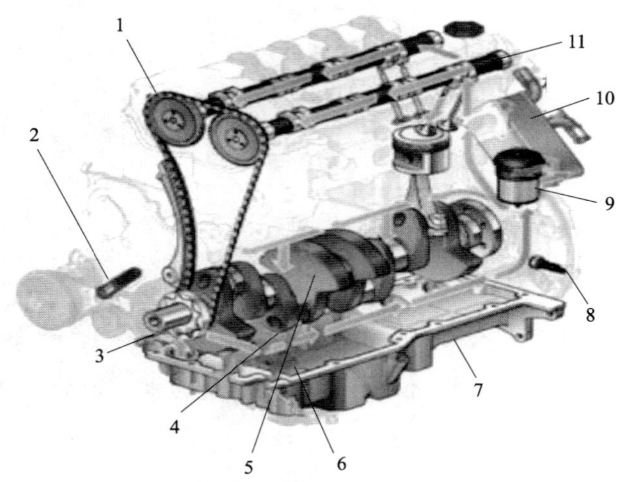

图 7–1–1　发动机润滑系统的结构

表 7–1–1　发动机润滑系统的组成零部件

零部件编号	名称	零部件编号	名称
1	正时链条	7	油底壳
2	限压阀	8	机油压力传感器
3	放油螺栓	9	机油滤清器
4	机油泵	10	机油冷却器
5	曲轴	11	凸轮轴
6	集滤器		

2．简述润滑系统主要组成零部件的作用。

（1）机油泵

机油泵的作用是吸油并提高机油压力，将机油压送至发动机的各摩擦表面，同时促进机油的循环流动。

（2）机油滤清器

机油滤清器的作用是滤去混入机油的杂质以及机油本身生成的胶质，以防止杂质和胶质随机油流到摩擦表面形成磨料磨损或堵塞管道。

（3）机油冷却器

机油冷却器用于散去机油吸收的温度，使之保持在 70 ~ 90 ℃，并使机油黏度不至于发生较大变化，确保机件正常润滑。

（4）油底壳

油底壳是存储机油的容器。在大多数发动机上，油底壳还起到为机油散热的作用。

（5）集滤器

集滤器是用金属丝编织成的滤网，是润滑系统的入口，用于滤除机油中粗大的杂质，防止其进入机油泵。

（6）主油道

主油道是润滑系统的重要组成部分，直接在缸体与缸盖上铸出，用于向各润滑部位输送机油。

（7）限压阀

限压阀用于限制机油泵输出的机油压力。

三、润滑系统的类型

1．简述润滑系统的常见类型及其定义。

润滑方式主要分为压力润滑、飞溅润滑两种类型，各类型的定义如下。

（1）压力润滑：以一定的压力把机油供入摩擦表面的润滑方式。这种润滑方式主要用于主轴承、连杆轴承及凸轮轴承等负荷较大的摩擦表面的润滑。

（2）飞溅润滑：利用发动机工作时运动件溅泼起来的油滴或油雾润滑摩擦表面的润滑方式。这种润滑方式主要用于润滑负荷较小的气缸壁面和配气机构的凸轮、挺柱、气门杆以及摇臂等零件的工作表面。

2．根据表 7–1–2 中发动机的各摩擦部位，写出各部位对应的润滑类型。

表 7–1–2　　发动机各摩擦部位及其润滑类型

序号	摩擦部位	润滑类型
1	活塞环 / 气缸	飞溅润滑
2	活塞销 / 连杆小端轴承	飞溅润滑
3	活塞销 / 连杆大端轴承	压力润滑
4	曲轴颈 / 主轴承	压力润滑
5	凸轮 / 随动件	飞溅润滑
6	凸轮轴 / 轴承	压力润滑
7	摇臂轴 / 轴承	压力润滑
8	气门杆 / 气门导管	飞溅润滑

四、认知实训车辆或实训台的发动机润滑系统

对照实训车辆或实训台的发动机润滑系统，以小组为单位绘制一张润滑系统工作原理简图，并向其他组展示和说明该系统各组成零部件的名称、作用和安装位置。

五、汽车发动机机油警告灯亮故障分析

汽车发动机机油警告灯亮可能是发动机润滑系统故障导致的。根据你对发动机润滑系统的了解，小组讨论汽车发动机机油警告灯亮时，应主要对发动机润滑系统的哪些方面进行检修，以及对应的检修流程和检修方法等，将讨论结果填写在下面的横线上并向其他组展示和说明。

____

____

____

____

____

____

____

____

六、学习过程评价

学习过程评价见表 7–1–3。

表 7–1–3　　学习过程评价表

班级		姓名		学号		日期	年　月　日
序号	评价要点				配分 / 分	得分	总评 / 分
1	能正确识读和填写工作页，明确学习活动的要求				10		A □（86 ~ 100） B □（76 ~ 85） C □（60 ~ 75） D □（60 以下）
2	能描述润滑系统的作用、结构和类型				15		
3	能查阅资料，分析润滑系统的工作原理				15		
4	能对照实物，正确说出润滑系统各组成零部件的名称、作用和安装位置				20		
5	能查阅资料，明确汽车发动机机油警告灯亮故障的检修内容、检修流程及检修方法				10		
6	能遵守劳动纪律，以积极的态度接受工作任务				10		
7	能积极参与小组讨论，发挥团队合作精神				10		
8	能及时完成教师布置的任务				10		
总　分					100		
小结建议							

学习活动 2　机油及机油滤清器的检查与更换

学习目标

1. 能描述机油的作用。

2. 能正确识别机油的牌号。

3. 能描述机油滤清器的结构和作用。

4. 能分析造成机油漏油的原因，明确机油的检查与更换方法。

5. 能规范地进行机油及机油滤清器的检查与更换。

建议学时：6 学时。

学习过程

一、机油的作用

机油，即发动机润滑油，被誉为汽车的“血液”，能对发动机起到__润滑__、__冷却__、__清洗__、__密封__、__防锈__等作用。

二、机油的牌号

1．机油的黏度多使用__SAE__等级标识，__SAE__是“__Society of Automotive Engineers__”（美国汽车工程师协会）的缩写。SAE 15W–40、SAE 5W–40 中，“W”表示 winter（冬季），其前面的数字越__小__，说明机油的低温流动性越好，可供使用的环境温度越低，在冷启动时对发动机的保护能力越好；“–”后面的数字表示机油耐高温的稳定性能（即变稀的可能性），该数字越__大__，说明机油高温时的稳定性能越好。

2．机油的分级多使用__API__等级标识，__API__是“__American Petroleum Institute__”（美国石油协会）的缩写。__S__开头系列代表汽油发动机用油；__C__开头系列代表柴油发动机用油。以汽油发动机为例，从“SA”一直到“SM”，每递增一个字母，机油的性能越__好__，机油中会有更多用来保护发动机的添加剂。字母越靠后，质量等级越__高__。

3．欧洲机油分类采用__ACEA__（欧洲汽车制造协会）标准。由于欧洲在发动机设计、车辆行驶条件及政府对节能和环境保护等政策方面与美国有显著差别，因此，这种差别也体现在对发动机机油性能的关注重点及程度方面。欧洲汽车工业十分注重节能，把汽车燃料的经济性放在首位，兼顾动力性和排放性能。

欧洲机油分类标准__ACEA__2007 年版的分类有 3 个系列，具体如下。

A/B 系列：__汽油和轻负荷柴油发动机油__；C 系列：__适应催化剂型发动机油__；E 系列：__重负荷柴油发动机油__。

其中 A/B 系列包括 A1/B1、A3/B3、A3/B4、A5/B5，C 系列包括 C1、C2、C3、C4，E 系列包括 E2、E4、E6、E7。

三、机油滤清器的结构和作用

1．在图 7–2–1 的方框中写出机油滤清器各组成零部件的名称。

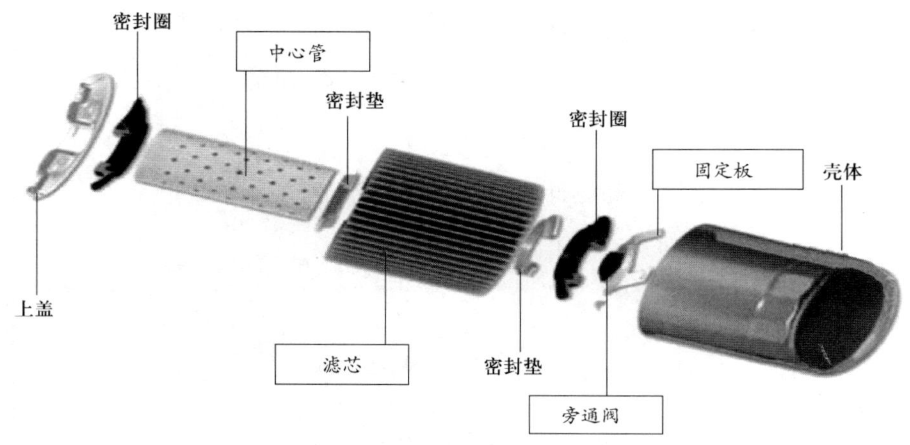

图 7–2–1　机油滤清器的结构

2．简述机油滤清器的作用。

机油滤清器可以滤除机油中的杂物、金属颗粒和碳沉淀物，向各润滑部件输送洁净的机油。当带有杂质的机油从滤芯的外围进入滤清器中心时，杂质被过滤在滤芯上。当滤芯严重堵塞时，旁通阀开启，机油不经过滤芯过滤直接进入主油道，防止机油出现断供现象。

四、制订检修方案

1．查阅资料，回答下列问题。

（1）若发动机存在机油漏油的情况，应主要对哪些部位进行检查？

1）油底壳垫片老化情况、螺钉是否松动。

2）放油螺栓是否松动，垫片、螺钉有无漏装。

3）正时齿轮盖密封垫老化情况。

4）气门室盖衬垫密封情况。

5）曲轴前、后油封密封情况。

6）机油散热器密封垫、机油滤清器底座密封垫老化情况。

（2）检查机油应进行什么操作?

1）将汽车停在水平位置熄火一段时间（10 min 左右），拔出机油尺，将尺上的油迹擦干净。因为在汽车发动时，飞溅的油黏附在机油尺上，其油迹的位置要比实际的发动机油面要高，所以不能用这个油迹来判断油量。

2）将擦干净的机油尺完全插到油尺管里，再次拔出机油尺，查看机油尺上的油迹。

3）根据机油尺上的油迹判断发动机是否缺油。如油量不足应立刻加油，在加油时要不断地插拔机油尺，以观察添加机油的情况。

2．根据具体工作内容，明确小组成员分工，填写表 7–2–1。

表 7–2–1　　小组成员分工

姓名	分工

3．根据要求列出维修所需主要工具及材料清单，填写表 7–2–2。

表 7–2–2　　维修所需主要工具及材料清单

序号	工具及材料名称	单位	数量	备注

4．根据小组分工情况及客户要求，制订具体的维修工序，填写表 7–2–3。

表 7–2–3　　维修工序安排

序号	维修工序内容	备注

续表

序号	维修工序内容	备注

五、检查与更换机油及机油滤清器

1．检查机油量

发动机机油警告灯亮时，有可能是由于机油量不合适造成的，因此，应首先检查机油量是否符合要求。此外，发动机更换机油后也需要确认机油加注量是否符合要求，日常使用过程中也需要定期检查机油量。根据表 7–2–4，检查机油量。

表 7–2–4　　检查机油量

序号	操作图示	作业要领	完成情况
1		在冷车状态下拔出机油尺	完　成□ 未完成□
2		用抹布将机油尺擦拭干净	完　成□ 未完成□
3		将机油尺插回发动机到底部，并再次拔出机油尺，观察机油液面是否处于上、下限刻度范围内，视情况添减机油	完　成□ 未完成□

2．检查机油的漏油情况

机油量不足有可能是相关零部件漏油引起的，因此，需对漏油情况进行检查，若无漏油情况，才能加注机油，否则，应先更换相关零部件，再加注机油。根据表 7–2–5，检查机油的漏油情况。

表 7–2–5　检查机油的漏油情况

序号	操作图示	作业要领	完成情况
1		拧下发动机机油加注口盖	完　成□ 未完成□
2		将车辆举升至高位，使维护人员能在车底站立进行维护操作	完　成□ 未完成□
3	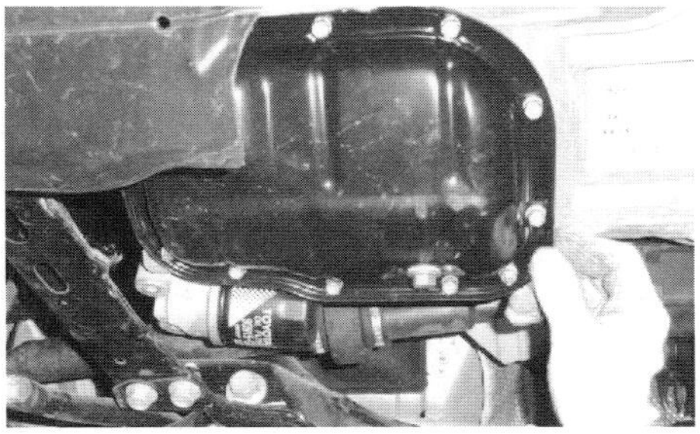	检查发动机油底壳的漏油情况	完　成□ 未完成□
4	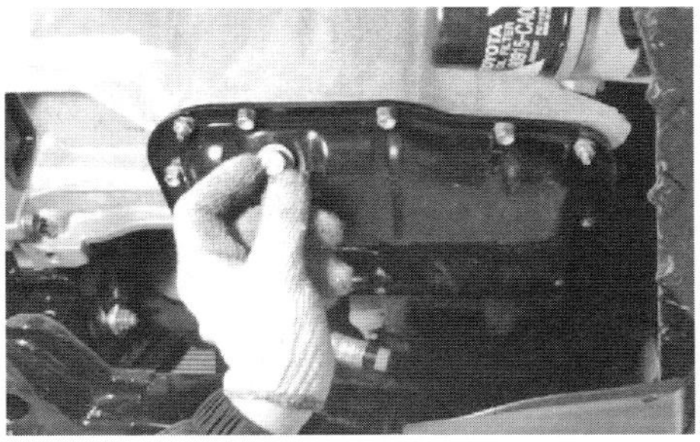	检查发动机放油塞的漏油情况	完　成□ 未完成□

续表

序号	操作图示	作业要领	完成情况
5		检查发动机与变速器连接处的漏油情况	完　成□ 未完成□
6		检查发动机机油滤清器的漏油情况	完　成□ 未完成□

3．更换机油及机油滤清器

日常维护与保养中，一般是根据汽车行驶里程和行驶时间定期更换机油。每次更换机油时，必须一并更换机油滤清器并重新检查机油量。根据表 7–2–6，更换机油，并将作业要领补充完整。

表 7–2–6　　更换机油

序号	操作图示	作业要领	完成情况
1		将机油回收车放置于发动机机油放油螺塞正下方的位置	完　成□ 未完成□

续表

序号	操作图示	作业要领	完成情况
2	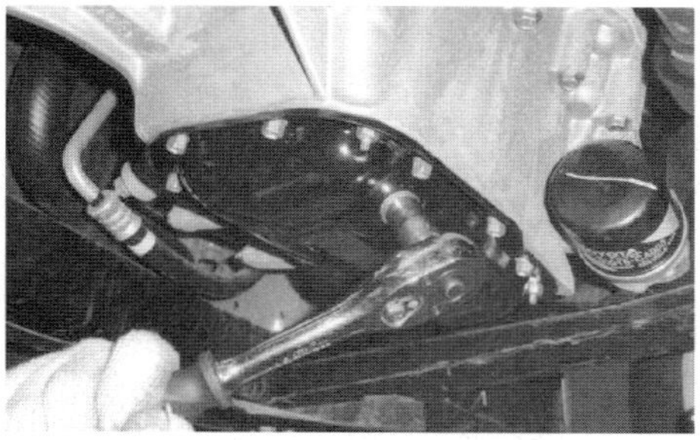	拧下机油放油螺塞	完　成□ 未完成□
3	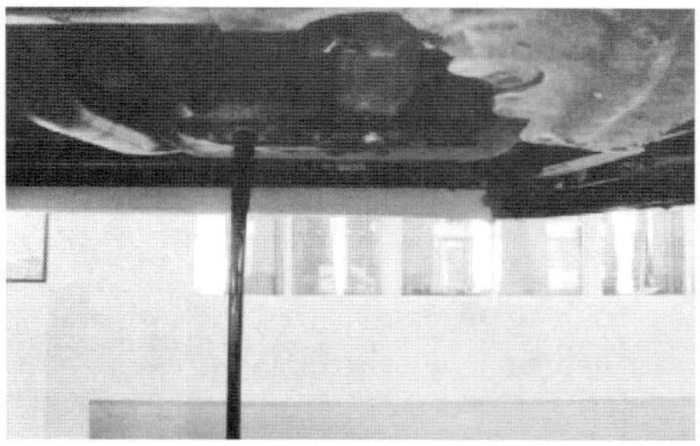	排放机油	完　成□ 未完成□
4	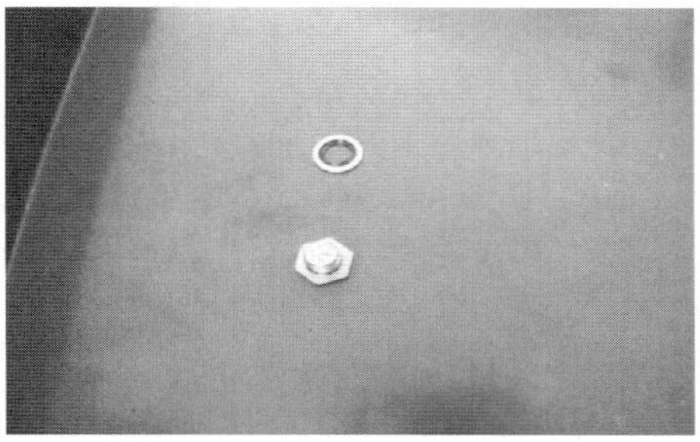	待发动机机油完全放净后，拧回放油螺塞。拧回放油螺塞时应更换新的放油螺塞垫片，放油螺塞拧紧力矩标准值为 15 N·m	完　成□ 未完成□
5	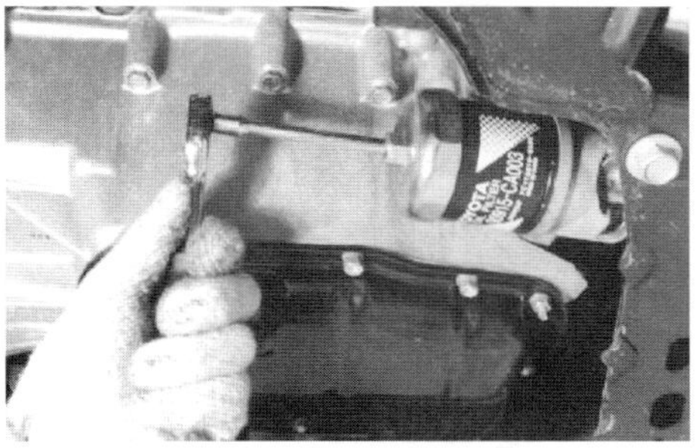	使用机油滤清器拆装专用扳手拧下机油滤清器	完　成□ 未完成□
6		给新机油滤清器的密封圈涂抹机油	完　成□ 未完成□

续表

序号	操作图示	作业要领	完成情况
7	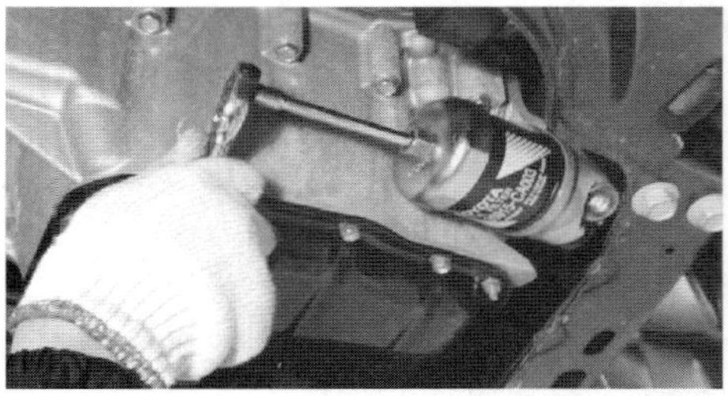	安装新的机油滤清器	完　成□ 未完成□
8	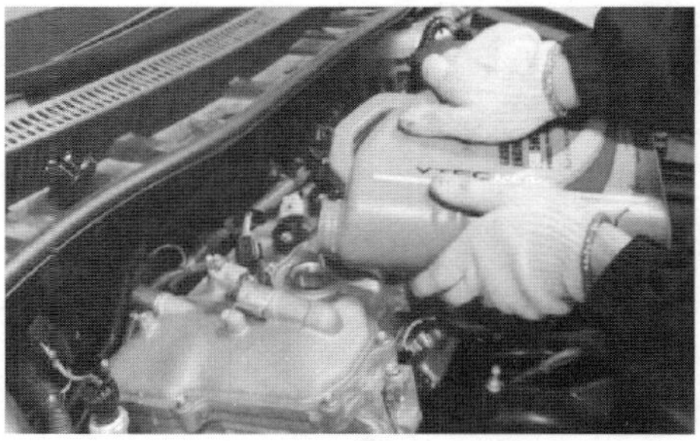	加注发动机机油。按车型规定量和机油型号加入机油____L	完　成□ 未完成□
9		拧紧发动机机油加注口盖	完　成□ 未完成□
10		检查发动机机油量。要待加注完数分钟后，机油全部落入油底壳才能检查	完　成□ 未完成□

六、学习过程评价

学习过程评价见表 7–2–7。

表 7–2–7　学习过程评价表

班级		姓名		学号		日期	年　月　日
序号	评价要点				配分 / 分	得分	总评 / 分
1	能正确识读和填写工作页，明确学习活动的要求				10		A □（86 ~ 100） B □（76 ~ 85） C □（60 ~ 75） D □（60 以下）
2	能描述机油的作用及牌号				10		
3	能描述机油滤清器的结构和作用				10		
4	能分析造成机油漏油的原因，明确机油的检查与更换方法				10		
5	能规范地完成机油及机油滤清器的检查与更换				30		
6	能遵守劳动纪律，以积极的态度接受工作任务				10		
7	能积极参与小组讨论，发挥团队合作精神				10		
8	能及时完成教师布置的任务				10		
总　分					100		
小结建议							

学习活动3　机油压力的检测

学习目标

1. 能描述机油压力传感器的作用和工作原理。

2. 能描述机油压力表的组成，正确使用机油压力表。

3. 能分析造成机油压力异常的原因，明确机油压力异常的检修方法。

4. 能规范地进行机油压力的检测。

5. 能根据机油压力的检测结果，选用合适的方法排除机油压力异常故障。

建议学时：4学时。

学习过程

一、机油压力传感器的作用和工作原理

发动机机泊压力传感器又称为机油压力开关或机油压力感应塞。

图7-3-1所示为发动机机油压力传感器的结构。

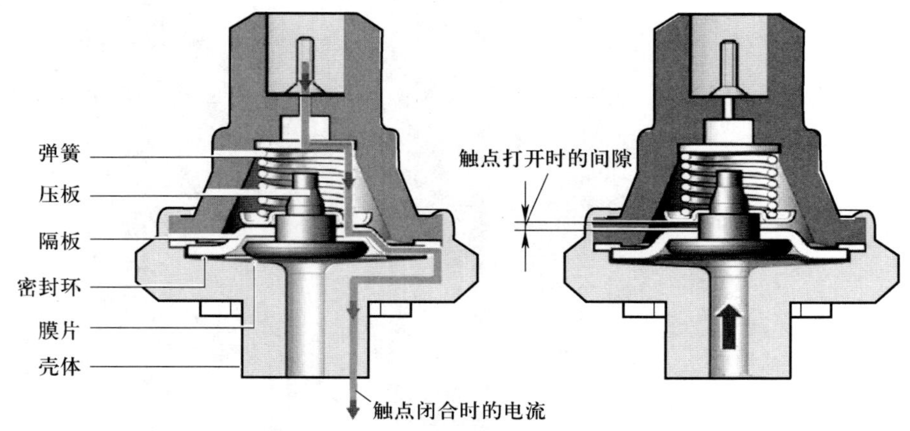

图7-3-1　发动机机油压力传感器的结构

1．简述机油压力传感器的作用。

机油压力传感器用于检测发动机主油道机油的压力。

2．简述机油压力传感器的工作原理。

当发动机运行时，压力测量装置检测机油的压力，将压力信号转变为电信号送至信号处理电路，经过电压放大和电流放大，通过信号线将放大后的压力信号传送至油压指示表。通过改变油压指示表内部 2 个线圈的电流比，从而指示出发动机的机油压力。

二、机油压力表的使用

1．查阅资料，根据图 7–3–2 所示机油压力表的结构，在表 7–3–1 中填写机油压力表各组成零部件的名称。

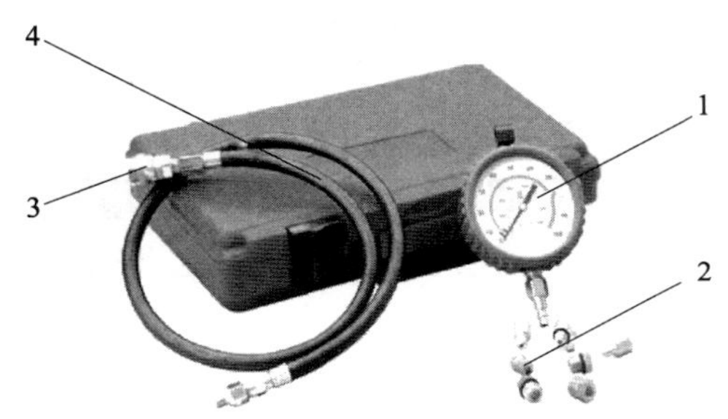

图 7–3–2　机油压力表的结构

表 7–3–1　机油压力表的组成零部件

零部件编号	名称	零部件编号	名称
1	压力表	3	快速接头（接压力表）
2	转换接头	4	检测胶管

2．使用机油压力表之前，应观察机油压力表是否完好，主要应检查 指针 、 胶管 是否正常。

三、制订检修方案

1．查阅资料，回答下列问题。

（1）简述造成机油压力过低的原因。

1）发动机机油存储量过少、漏油，会造成润滑系统无油或少油。

2）机油脏或黏稠导致机油泵不能将机油有效吸入、泵出。

3）机油本身过稀或因发动机温度高造成机油变稀，从发动机的各摩擦副间隙中泄漏。

4）机油油管漏油、机油泵损坏或其零部件磨损超标都会导致机油的吸入、泵出量减少，或根本无法吸入、泵出。

5）曲轴与大小轴瓦之间的间隙超标导致机油泄漏。

6）限压阀或泄压阀弹簧过软、卡滞或钢珠损伤造成阀的功能消失或减弱。

7）机油感应塞、压力表或电路故障。

（2）简述造成机油压力过高的原因。

1）机油黏度过低。

2）机油集滤器滤网或机油滤清器滤芯堵塞。

3）限压阀与回油阀弹簧的弹力减弱或弹簧折断，或阀门接合面密封不严，导致漏油泄压。

4）主轴承或连杆轴承间隙过大。

5）机油泵工作不良。

2．根据具体工作内容，明确小组成员分工，填写表 7–3–2。

表 7–3–2　　小组成员分工

姓名	分工

3．根据要求列出维修所需主要工具及材料清单，填写表 7–3–3。

表 7–3–3　　维修所需主要工具及材料清单

序号	工具及材料名称	单位	数量	备注

4．根据小组分工情况及客户要求，制订具体的维修工序，填写表 7–3–4。

表 7–3–4　　维修工序安排

序号	维修工序内容	备注

四、检测机油压力

1．根据表 7–3–5 进行机油压力的检测，并将作业要领补充完整。

表 7–3–5　　检测机油压力

序号	操作图示	作业要领	完成情况
1		拔出机油压力传感器插头	完　成□ 未完成□
2		拧松并取下机油压力传感器	完　成□ 未完成□

续表

序号	操作图示	作业要领	完成情况
3	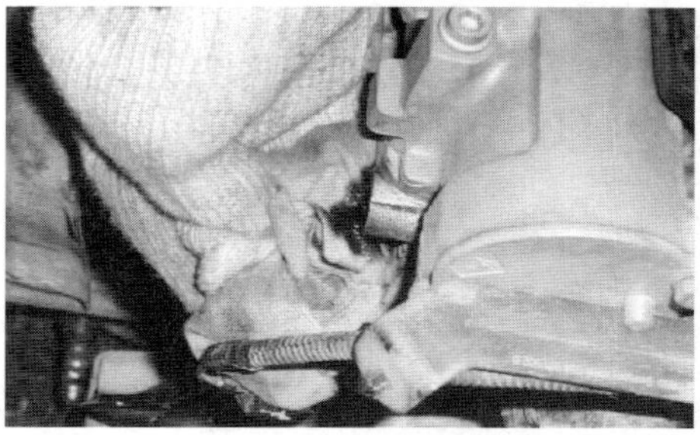	清洁机油压力传感器的安装平面	完　成□ 未完成□
4	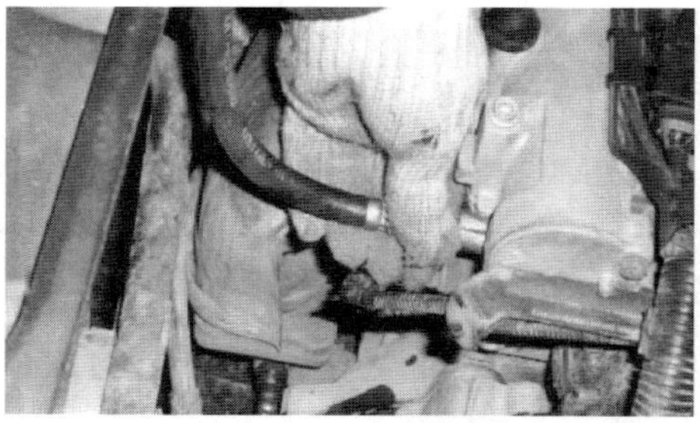	安装机油压力表	完　成□ 未完成□
5		读取数值：______ 标准数值：______	完　成□ 未完成□

2．根据机油压力的检测结果，采取相应的方法进行检修，排除机油压力过高或过低故障，并记录检修过程中遇到的问题。

五、学习过程评价

学习过程评价见表 7–3–6。

表 7–3–6　　学习过程评价表

<table>
<tr><td>班级</td><td></td><td>姓名</td><td></td><td>学号</td><td></td><td>日期</td><td>年　月　日</td></tr>
<tr><td>序号</td><td colspan="5">评价要点</td><td>配分 / 分</td><td>得分</td><td>总评 / 分</td></tr>
<tr><td>1</td><td colspan="5">能正确识读和填写工作页，明确学习活动的要求</td><td>10</td><td></td><td rowspan="10">A □（86 ~ 100）
B □（76 ~ 85）
C □（60 ~ 75）
D □（60 以下）</td></tr>
<tr><td>2</td><td colspan="5">能描述机油压力传感器的作用和工作原理</td><td>10</td><td></td></tr>
<tr><td>3</td><td colspan="5">能描述机油压力表的组成，正确使用机油压力表</td><td>10</td><td></td></tr>
<tr><td>4</td><td colspan="5">能分析造成机油压力异常的原因，明确机油压力异常的检修方法</td><td>10</td><td></td></tr>
<tr><td>5</td><td colspan="5">能规范地完成机油压力的检测</td><td>10</td><td></td></tr>
<tr><td>6</td><td colspan="5">能根据机油压力的检测结果，选用合适的方法排除机油压力异常故障</td><td>20</td><td></td></tr>
<tr><td>7</td><td colspan="5">能遵守劳动纪律，以积极的态度接受工作任务</td><td>10</td><td></td></tr>
<tr><td>8</td><td colspan="5">能积极参与小组讨论，发挥团队合作精神</td><td>10</td><td></td></tr>
<tr><td>9</td><td colspan="5">能及时完成教师布置的任务</td><td>10</td><td></td></tr>
<tr><td colspan="6">总　分</td><td>100</td><td></td></tr>
<tr><td>小结
建议</td><td colspan="8"></td></tr>
</table>

学习活动 4　机油泵的检查与更换

学习目标

1. 能描述机油泵的类型及特点。

2. 能描述不同类型机油泵的结构和工作原理。

3. 能分析机油泵损坏对发动机的影响，明确机油泵故障的检修内容和检修方法。

4. 能规范地进行机油泵总成的拆装。

5. 能规范地进行机油泵的检测。

建议学时：6 学时。

学习过程

一、机油泵的类型及特点

根据表 7–4–1 中的图示，写出不同类型机油泵的名称和特点。

表 7–4–1　　不同类型的机油泵及其特点

序号	图示	机油泵名称	特点
1		外啮合齿轮式机油泵	泵油效率高，功率损失小，工作可靠，制造成本较高

续表

序号	图示	机油泵名称	特点
2		转子式机油泵	结构紧凑，供油量大，供油均匀，噪声小，吸油真空度较高
3	齿圈　齿轮	内啮合齿轮式机油泵	零件数量少，制造成本低，占用空间小，使用范围广，泵油效率相对比较低
4		叶片式机油泵	结构紧凑，输油压力脉动小，输油量均匀，运转平稳，噪声小，使用寿命长，对转速和油液黏度都有一定要求，对油液的污染比较敏感

二、机油泵的结构和工作原理

1．转子式机油泵

（1）查阅资料，根据图 7-4-1 所示转子式机油泵的结构，在表 7-4-2 中将转子式机油泵各组成零部件的名称补充完整。

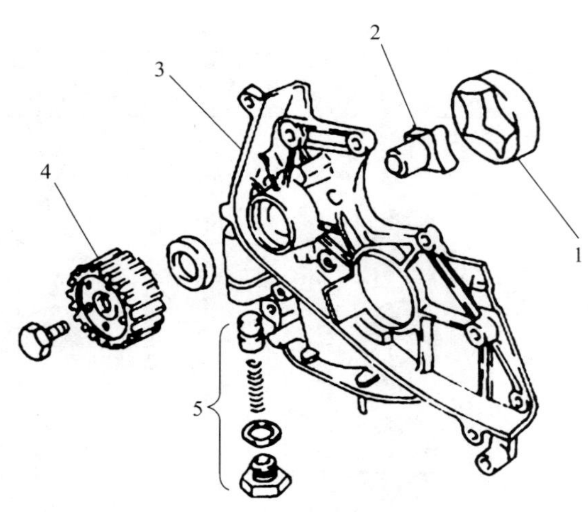

图 7–4–1　转子式机油泵的结构

表 7–4–2　转子式机油泵的组成零部件

零部件编号	名称	零部件编号	名称
1	外转子	4	机油泵驱动带轮
2	内转子	5	限压阀组件
3	机油泵体		

（2）简述转子式机油泵的工作原理。

一般转子式机油泵的内转子有 4 个或 4 个以上的凸齿，外转子的凹齿数比内转子的凸齿数多一个，这样内、外转子同向不同步地旋转。转子的外廓形状曲线为次摆线。

转子齿形齿廓的设计使得转子转到任何角度时，内、外转子每个齿的齿形廓线上总能互相成点接触。这样内、外转子间形成 4 个工作腔，随着转子的转动，这 4 个工作腔的容积是不断变化的。在进油道的一侧空腔，由于转子脱开啮合，容积逐渐增大，产生真空，机油被吸入，转子继续旋转，机油被带到出油道的一侧，这时，转子正好进入啮合，使这一空腔容积减小，油压升高，机油从齿间挤出并经出油道压送出去。这样，随着转子的不断旋转，机油就不断地被吸入和压出。

2．叶片式机油泵

（1）查阅资料，根据图 7–4–2 所示叶片式机油泵的结构，在表 7–4–3 中将叶片式机油泵各组成零部件的名称补充完整。

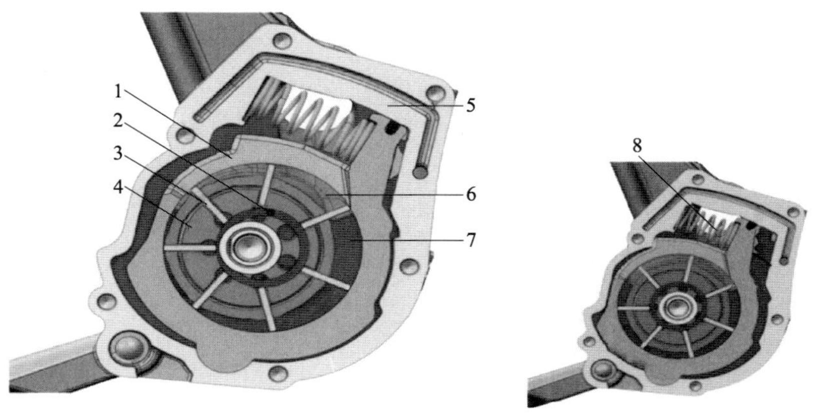

图 7–4–2　叶片式机油泵的结构

表 7–4–3　　叶片式机油泵的组成零部件

零部件编号	名称	零部件编号	名称
1	定子	5	壳体
2	中心环	6	进油腔
3	叶片	7	出油腔
4	转子	8	调节弹簧

（2）简述叶片式机油泵的工作原理。

叶片式机油泵由转子、定子、叶片及壳体等组成。在泵室内，定子的内表面是圆柱形的转子，转子和定子呈偏心位。叶片则嵌在转子槽内，并且可以自由滑动。当发动机启动后，转子在曲轴带动下在定子内运转，此时由于离心力作用，叶片被全部甩向靠近定子内侧，于是相邻叶片和定子、转子之间就形成了几个密封的工作腔，在转子运转的过程中离定子比较远的工作腔在真空作用下，吸入相对容量比较多的机油，当工作腔运转到靠定子很近时，叶片回移，工作腔变小，这些机油就会被压出而输送到油道中，完成机油的循环。

3．外啮合齿轮式机油泵

（1）查阅资料，根据图 7–4–3 所示外啮合齿轮式机油泵的结构，在表 7–4–4 中将外啮合齿轮式机油泵各组成零部件的名称补充完整。

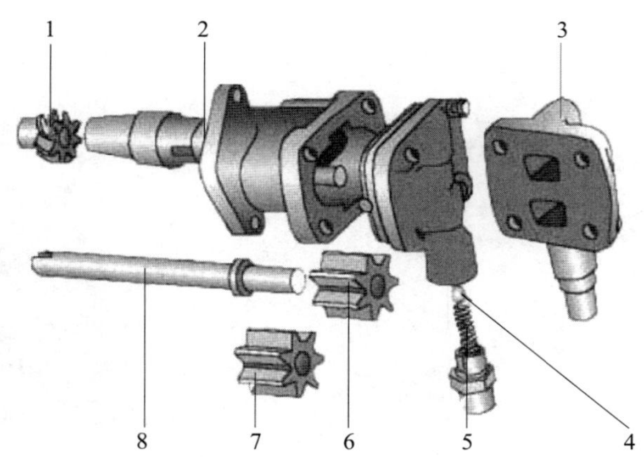

图 7–4–3　外啮合齿轮式机油泵的结构

表 7–4–4　外啮合齿轮式机油泵的组成零部件

零部件编号	名称	零部件编号	名称
1	驱动齿轮	5	限压阀弹簧
2	泵体	6	主动齿轮
3	泵盖	7	从动齿轮
4	限压阀	8	主动齿轮轴

（2）简述外啮合齿轮式机油泵的工作原理。

外啮合齿轮式机油泵壳体内装有一个主动齿轮和一个从动齿轮。齿轮与壳体内壁之间的间隙很小，壳体上有进油口。发动机工作时，主动齿轮带动从动齿轮旋转，进油腔的容积由于齿轮向脱离啮合方向运动而增大，腔内产生一定的真空度，机油便从进油口被吸入并充满进油腔。齿轮旋转时把齿间所存的机油带至出油腔内。由于出油腔一侧轮齿进入啮合，出油腔容积减小，油压升高，机油便经出油口被送到发动机油道中。机油泵通常由凸轮轴上的螺旋齿轮或曲轴前端的齿轮驱动。在发动机工作时，机油泵不断工作，从而保证机油在润滑油路中不断循环。当齿轮进入啮合时，啮合齿之间的机油由于容积变小，在齿轮间产生很大的推力。为此，在泵盖上铣出一条卸压槽，使齿轮啮合时齿间挤出的机油可以通过卸压槽流向出油腔。在机油泵盖上装有限压阀，它可以将主油道的油压控制在正常范围内（0.15 ~ 0.9 MPa）。在限压阀的柱塞端头开有一个径向环槽，用来储存进入配合表面的磨屑和杂质，以保证柱塞运动灵活。

4．内啮合齿轮式机油泵

（1）查阅资料，根据图 7–4–4 所示内啮合齿轮式机油泵的结构，在表 7–4–5 中将内啮合齿轮式机油泵各组成零部件的名称补充完整。

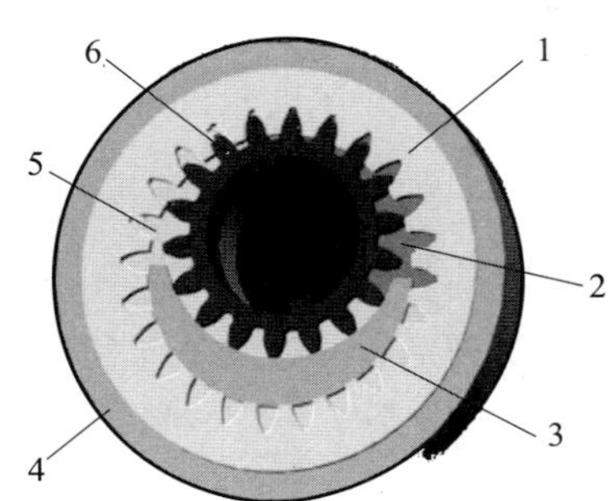

图 7–4–4　内啮合齿轮式机油泵的结构

表 7–4–5　内啮合齿轮式机油泵的组成零部件

零部件编号	名称	零部件编号	名称
1	内齿圈	4	泵体
2	出油腔	5	进油腔
3	月牙块	6	小齿轮

（2）简述内啮合齿轮式机油泵的工作原理。

当发动机工作时，小齿轮随驱动轴一起转动并带动内齿圈以相同的方向旋转。内外齿轮在转到进油口处时开始逐渐脱离啮合，两者形成的沿旋转方向的空间逐渐增大，产生一定的真空度，将机油从进油口吸入。随着齿轮继续旋转，月牙块将内、外齿轮隔开，齿轮旋转时把齿间所存的机油带往出油口。在靠近出油口处，内、外齿轮间的空间逐渐减少，油压升高，机油从机油泵的出油口送往发动机油道中，内、外齿轮又重新啮合。

三、制订检修方案

1．查阅资料，回答下列问题。

（1）简述机油泵损坏对发动机的影响。

机油泵损坏后，无法建立机油压力，发动机磨损，噪声加大，拉缸，容易导致发动机报废，另外发动机机油警告灯会点亮。

（2）若机油泵损坏，应主要对其哪些零部件进行检查？采用什么检修方法？

机油泵损坏时，应主要检查齿轮或转子端面到泵盖端面的间隙、齿顶间隙和啮合间隙，检查机油泵轴与轴承的间隙、主动轴端隙和泵轴的弯曲变形。具体检修方法如下。

1）端面间隙的检修。机油泵解体后，用直尺和塞尺检查齿轮或转子端面到泵盖端面的间隙。在不解体时，可测量泵轴的轴向移动量获得此间隙，此间隙应不大于使用限值。否则，应对泵盖端面和齿轮端面进行磨平或更换总成。

2）齿顶间隙和啮合间隙的检修。用塞尺在互成 120° 处分 3 点进行测量。若齿侧磨损不严重，可将齿轮转面使用。对转子式机油泵，应检查内、外转子的齿顶间隙及外转子与泵体之间的间隙。这两个间隙超过限度时，一般应更换齿轮副、转子副或总成，不再修复。

3）泵轴与轴承的检修。用百分表检查机油泵轴与轴承的间隙，当此间隙超过限度时，可换新轴套修复。若从动轴单面磨损，可将其压出，将磨损面调换 180° 再装入继续使用。检查主动轴端隙（轴向间隙）时可用塞尺测量传动齿轮与泵壳尾端的间隙，若超限，可在泵壳尾端焊修或加垫片。用百分表检测泵轴的弯曲变形不应超过 0.06 mm，否则应进行校直。

2．根据具体工作内容，明确小组成员分工，填写表 7–4–6。

表 7–4–6　　小组成员分工

姓名	分工

3．根据要求列出维修所需主要工具及材料清单，填写表 7–4–7。

表 7–4–7　　维修所需主要工具及材料清单

序号	工具及材料名称	单位	数量	备注

4．根据小组分工情况及客户要求，制订具体的维修工序，填写表 7-4-8。

表 7-4-8　维修工序安排

序号	维修工序内容	备注

四、拆卸机油泵总成

对机油泵进行检查时，需要先将其拆下。根据图 7-4-5 写出拆卸机油泵总成对应的操作步骤。

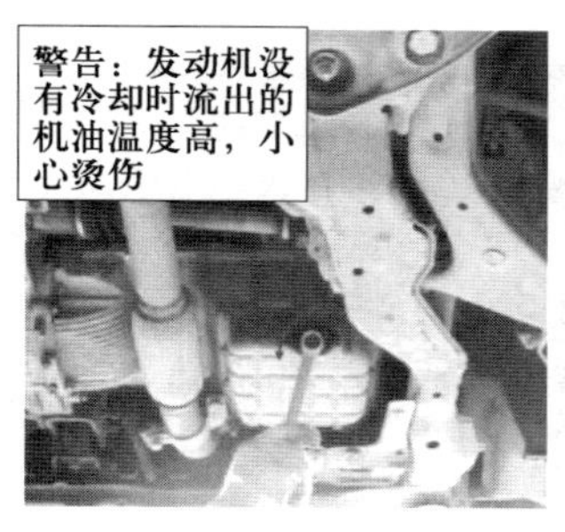

旋转放油螺塞

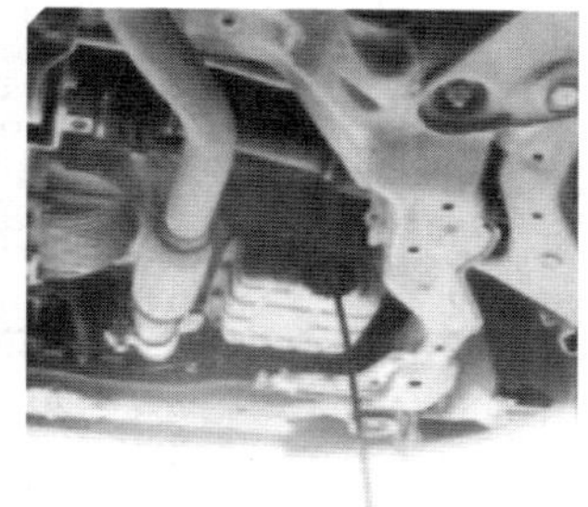

放出机油

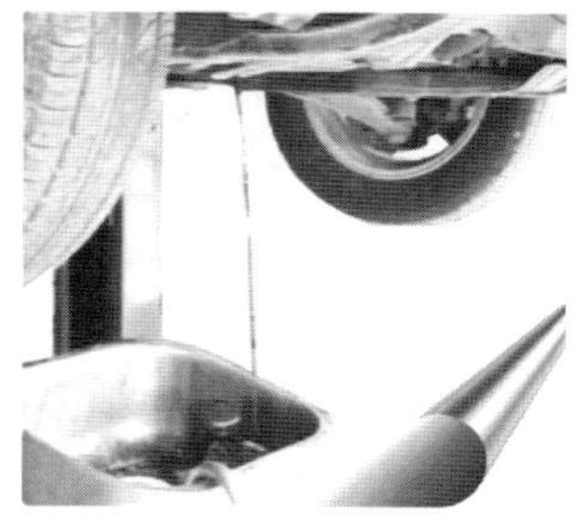

将机油收集到机油回收车

拆卸油底壳

拆卸机油泵

图 7-4-5　机油泵总成的拆卸步骤

五、检查与更换机油泵

根据表 7–4–9 检查机油泵，并将作业要领补充完整（注：以丰田 2ZR–FE 发动机为例）。

表 7–4–9 检查机油泵

序号	操作图示	作业要领	完成情况
1	1—机油泵减压阀柱塞　2—机油泵减压阀弹簧 3—机油泵减压阀	拆卸机油泵减压阀 （1）使用 27 mm 套筒扳手拆下机油泵减压阀柱塞 （2）拆下机油泵减压阀弹簧和机油泵减压阀	完　成□ 未完成□
2		拆卸机油泵盖分总成 （1）拆下 5 个螺栓和机油泵盖分总成 （2）从机油泵体上拆下机油泵主动转子（内转子）和机油泵从动转子（外转子）	完　成□ 未完成□
3		检查机油泵减压阀 判断机油泵减压阀是否正常的方法：在机油泵减压阀上涂抹一层机油，检查并确认该阀能依靠自身质量顺畅地滑入阀孔中。如果机油泵减压阀不能顺畅滑入，则更换机油泵总成	完　成□ 未完成□
4		检查机油泵转子顶部间隙 使用塞尺测量机油泵主动转子和机油泵从动转子的顶部间隙 标准顶部间隙：0.08 ~ 0.16 mm 最大顶部间隙：0.35 mm 实际测量顶部间隙：____ mm 如果顶部间隙大于最大值，则更换机油泵总成 检查结果判断： 更换□　维修□	完　成□ 未完成□

续表

序号	操作图示	作业要领	完成情况
5		检查机油泵转子侧隙 使用塞尺、精密直尺测量机油泵主动转子和机油泵从动转子的侧隙（转子侧面与精密直尺之间的间隙） 标准侧隙：0.03 ~ 0.08 mm 最大侧隙：0.16 mm 实际测量侧隙：____ mm 如果侧隙大于最大值，则更换机油泵总成 检查结果判断： 更换□　维修□	完　成□ 未完成□
6	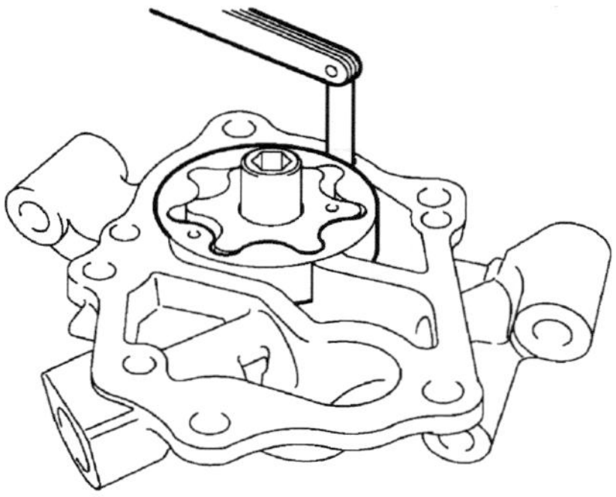	检查机油泵从动转子和机油泵体之间的间隙 使用塞尺进行测量 标准间隙：0.12 ~ 0.19 mm 最大间隙：0.325 mm 实际测量间隙：____ mm 如果机油泵从动转子和机油泵体之间的间隙大于最大值，则更换机油泵总成 检查结果判断： 更换□　维修□	完　成□ 未完成□
7	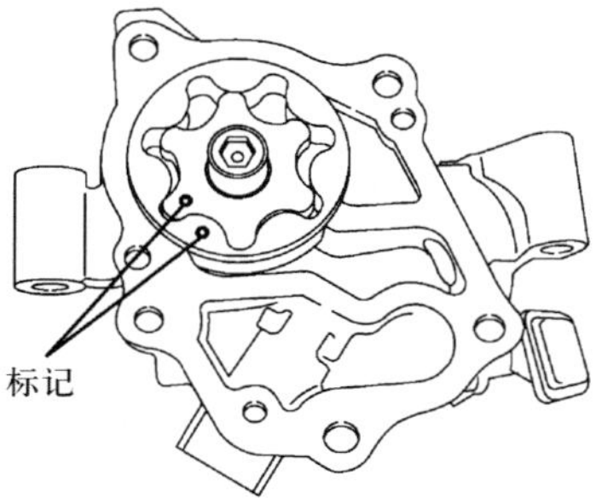 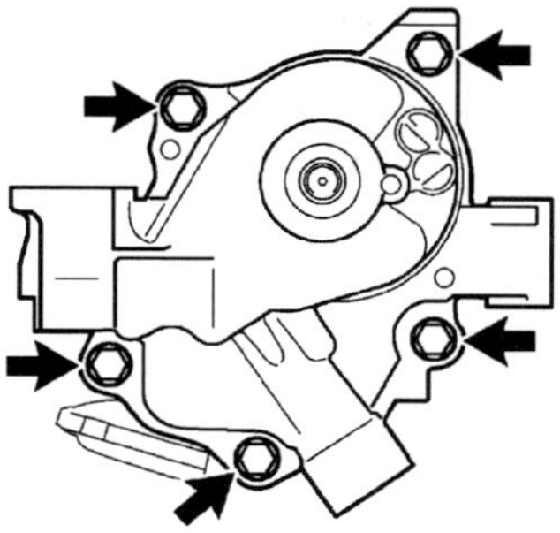 标记	安装机油泵盖分总成 （1）在机油泵主动转子和机油泵从动转子上涂抹发动机机油，并将其置于机油泵上，将标记朝向机油泵盖分总成侧 （2）用 5 个螺栓安装机油泵盖分总成 扭矩：8.8 N · m	完　成□ 未完成□

续表

序号	操作图示	作业要领	完成情况
8	1—机油泵减压阀柱塞　2—机油泵减压阀弹簧 3—机油泵减压阀	安装机油泵减压阀 （1）在机油泵减压阀上涂抹发动机机油 （2）将机油泵减压阀和机油泵减压阀弹簧插入机油泵体孔 （3）使用 27 mm 套筒扳手安装机油泵减压阀柱塞 扭矩： 49 N·m	完　成□ 未完成□

六、学习过程评价

学习过程评价见表 7–4–10。

表 7–4–10　　学习过程评价表

班级		姓名		学号		日期	年　月　日
序号	评价要点				配分 / 分	得分	总评 / 分
1	能正确识读和填写工作页，明确学习活动的要求				10		A □（86 ~ 100） B □（76 ~ 85） C □（60 ~ 75） D □（60 以下）
2	能描述机油泵的类型及特点				15		
3	能描述不同类型机油泵的结构和工作原理				10		
4	能查阅资料，分析机油泵损坏对发动机的影响，明确机油泵故障的检修内容和检修方法				10		
5	能规范地完成机油泵总成的拆装				10		
6	能规范地完成机油泵的检测				15		
7	能遵守劳动纪律，以积极的态度接受工作任务				10		
8	能积极参与小组讨论，发挥团队合作精神				10		
9	能及时完成教师布置的任务				10		
总　分					100		
小结建议							

学习活动 5　工作总结与评价

学习目标

1. 能以小组形式对学习过程和成果进行汇报总结。
2. 能完成对学习过程的综合评价。

建议学时：2 学时。

学习过程

一、工作总结

在世界技能大赛中，要求选手具有一定的组织规划、沟通、创新等能力，这在实际的生产工作中是十分必要的。以小组为单位，选择演示文稿、展板、海报、视频等形式中的一种或几种，向全班展示、汇报学习成果。

二、综合评价

针对本任务的学习情况，根据表 7–5–1 所列综合评价标准进行评分。

表 7–5–1　综合评价标准

评价项目	评价内容及标准	配分 / 分	评分		
			自我评价	小组评价	教师评价
组织和管理	团队合作，合理计划，高效管理时间	3			
	及时检查工作进展和效果	3			
	保证高质量完成工作	4			
沟通能力	深度咨询客户，完全理解其要求	10			
	提供明确说明，准确回答客户疑问	10			
计划创新能力	及时处理工作中遇到的问题	10			
	提出创新性、可行性建议，提高客户满意度	10			

续表

评价项目	评价内容及标准	配分 / 分	评分		
			自我评价	小组评价	教师评价
专业知识	具备汽车润滑系统各零部件的组成、作用、分类、原理等理论知识	10			
	具备汽车发动机机油警告灯亮故障检修知识	10			
实践能力	具备汽车发动机机油的检查与更换技能	10			
	具备汽车发动机机油压力的检测技能	10			
	具备汽车发动机机油泵的检查与更换技能	10			
学生姓名		综合评价得分			
指导教师		日期			

三、学习任务七整体评价

学习任务七整体评价见表 7-5-2。

表 7-5-2　学习任务七整体评价表

项目	自我评价			小组评价			教师评价		
	10 ~ 9 分	8 ~ 6 分	5 ~ 1 分	10 ~ 9 分	8 ~ 6 分	5 ~ 1 分	10 ~ 9 分	8 ~ 6 分	5 ~ 1 分
	占总评 10%			占总评 30%			占总评 60%		
学习活动 1									
学习活动 2									
学习活动 3									
学习活动 4									
学习活动 5									
协作精神									
纪律观念									
表达与分析能力									
工作态度									
任务总体表现									
小计 / 分									
总评 / 分									

世赛知识

世界技能大赛汽车技术项目发动机测试与测量部分主要考核内容

序号	项目	评分点	说明
1	工作准备和安全	测量前对千分尺进行调零	
		曲轴转动自如	转动至少 2 圈
		拆卸和检查气门锁片时戴护目镜	
		工具、量具使用正确，无掉落	
		测量前清洁工具、量具和被测量零部件表面	
2	气缸盖	拆卸气缸盖	至少分两次拧松螺栓，顺序正确
		测量气缸盖平面度	按照维修手册要求，参考实测标准
3	凸轮轴	测量进气凸轮轴轴径 1	参考实测标准，公差 ±0.01 mm，判断正确
		测量排气凸轮轴轴径 2	参考实测标准，公差 ±0.01 mm，判断正确
4	气门	测量 1 缸进气门 2 气门杆直径	参考实测标准，公差 ±0.01 mm，判断正确
		测量 4 缸进气门 1 气门杆直径	参考实测标准，公差 ±0.01 mm，判断正确
		安装进气门	安装正确
		安装排气门	安装正确
5	气缸	检查、组装量缸表	
		测量气缸 1 直径	参考实测标准，公差 ±0.02 mm，判断正确
		计算气缸 1 圆度	计算正确，判断正确（若直径超差，本项不得分）
6	活塞	测量活塞 1 裙部直径	参考实测标准，公差 ±0.01 mm
		测量活塞 1 第一道气环端隙	参考实测标准，公差 ±0.03 mm
		测量活塞 1 第二道气环侧隙	参考实测标准，公差 ±0.02 mm
7	连杆轴颈	测量 1 缸连杆轴颈直径	参考实测标准，公差 ±0.01 mm
		计算连杆轴颈圆度	计算正确，判断正确（若直径超差，本项不得分）
8	重新组装	安装 1 缸活塞	活塞方向正确，活塞环上下和开口方向正确
		安装气缸盖	至少分两次拧紧，顺序、扭矩、转角正确
		恢复、清洁场地	将工具放回原位，场地整洁

学习任务八　汽车发动机故障警告灯亮故障检修

学习目标

1. 能描述电控系统的作用、组成和工作过程，明确汽车发动机故障警告灯亮故障的检修内容、检修流程及检修方法。

2. 能正确使用汽车故障诊断仪读取故障码和清除故障码。

3. 能描述电控系统常用传感器的作用、类型及组成，正确判断传感器故障，并能进行传感器的检查与更换。

4. 能描述电控系统常用执行器的分类、作用及组成，正确判断执行器故障，并能进行执行器的检查与更换。

5. 能描述电控单元的结构和工作过程，正确判断电控单元故障，并能进行电控单元的检查与更换。

6. 能对维修场地的相关设备进行日常维护与保养，按6S管理规定清理现场。

7. 能对相关资料、互联网资源进行检索，完成维修工单、工作页的填写。

8. 能展示工作成果，进行任务评价，总结工作经验，优化检修方案。

9. 能在作业过程中严格执行企业操作规范、安全生产制度、环保管理制度，严格遵守从业人员的职业道德，具有吃苦耐劳、爱岗敬业的工作态度和职业责任感。

建议学时

20学时。

工作情境描述

一辆丰田卡罗拉轿车在行驶过程中，发动机的故障警告灯总是点亮，拆下蓄电池负极接线，隔两分钟后再将其连接好，故障警告灯熄灭，可是第二天故障警告灯又亮了，车主将该车辆送入维修站维修，经维修技师检查，初步判断为电控系统故障。汽车维修人员需要根据维修手册的相关要求，在规定时间内完成电控系统的检查与零部件的更换，完成后交付验收。

工作流程与活动

1．电控系统的认知（2 学时）

2．传感器的检查与更换（6 学时）

3．执行器的检查与更换（6 学时）

4．电控单元的检查与更换（4 学时）

5．工作总结与评价（2 学时）

思维导图

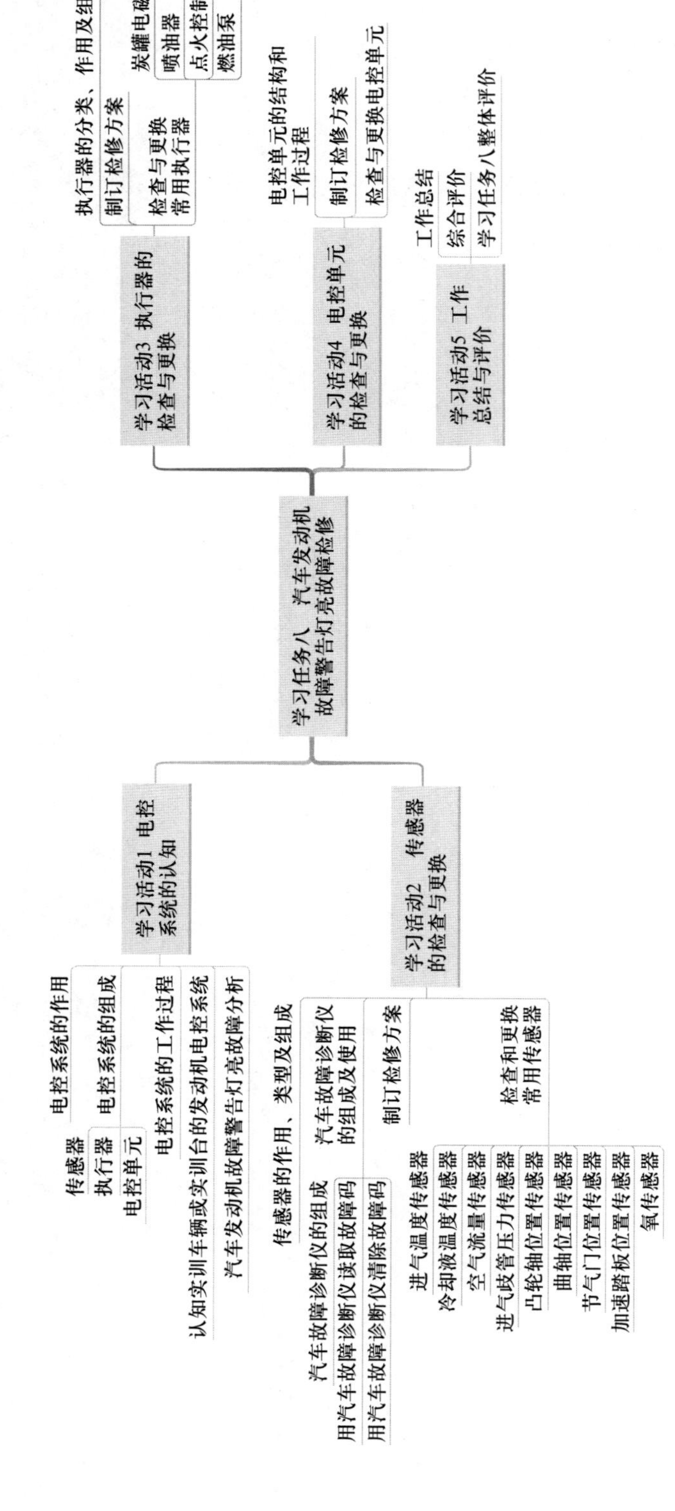
学习任务八　汽车发动机故障警告灯亮故障检修
学习活动1　电控系统的认知
电控系统的作用
电控系统的组成
传感器
执行器
电控单元
电控系统的工作过程
认知实训车辆或实训台的发动机电控系统
汽车发动机故障警告灯亮故障分析
学习活动2　传感器的检查与更换
传感器的作用、类型及组成
汽车故障诊断仪的组成及使用
汽车故障诊断仪的组成
用汽车故障诊断仪读取故障码
用汽车故障诊断仪清除故障码
制订检修方案
检查和更换常用传感器
进气温度传感器
冷却液温度传感器
空气流量传感器
进气歧管压力传感器
凸轮轴位置传感器
曲轴位置传感器
节气门位置传感器
加速踏板位置传感器
氧传感器
学习活动3　执行器的检查与更换
执行器的分类、作用及组成
制订检修方案
检查与更换常用执行器
炭罐电磁阀
喷油器
点火控制器
燃油泵
学习活动4　电控单元的检查与更换
电控单元的结构和工作过程
制订检修方案
检查与更换电控单元
学习活动5　工作总结与评价
工作总结
综合评价
学习任务八整体评价

学习活动 1　电控系统的认知

学习目标

1. 能描述电控系统的作用、组成和工作过程。

2. 能在发动机台架上正确找到电控系统相关的零部件。

3. 能通过查阅资料，明确汽车发动机故障警告灯亮故障的检修内容、检修流程及检修方法。

建议学时：2 学时。

学习过程

一、电控系统的作用

简述电控系统的作用。

发动机电控系统是通过对发动机点火、喷油、空气与燃油的比率、排放废气等进行控制，使发动机在最佳工况状态下工作，以达到提高其整车性能、节约能源、降低废气排放的目的。

二、电控系统的组成

1．传感器

（1）简述传感器的作用。

车用传感器是汽车计算机系统的输入装置，它把汽车运行中各种工况信息，如车速、各种介质的温度、发动机运转工况等，转换成电信号传送给计算机，以便发动机处于最佳工作状态。

（2）简述传感器的分类。

1）按能量关系分类

传感器按能量关系分为能量转换型传感器和控制型传感器。

2）按信号转换方式分类

传感器按信号转换方式分为两类，一类是将非电量转换成非电量信号的传感器，如气动传感器、弹性敏感元件传感器；另一类是将非电量转换成电量信号的传感器，如压电式加速度传感器、热电偶温度传感器等。

3）按输入量分类

传感器按输入量分为位移、力、速度、温度、流量、气体成分等传感器。

4）按工作原理分类

传感器按工作原理分为电阻、电容、电感、电压、霍尔、光电、光栅、热电偶等传感器。

5）按输出信号分类

传感器按输出信号分为开关型传感器、模拟型传感器、数字型传感器。

（3）识别传感器的组成零部件。

查阅资料，根据图 8–1–1 所示的燃油喷射电子控制系统的组成（传感器部分），在表 8–1–1 中填写传感器各组成零部件的名称。

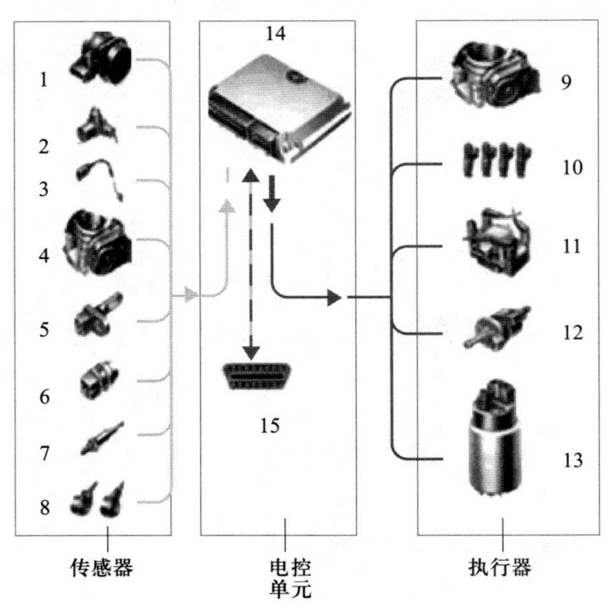

图 8–1–1　燃油喷射电子控制系统的组成

表 8-1-1　　传感器的组成零部件

零部件编号	名称	零部件编号	名称
1	空气流量传感器	5	进气温度传感器
2	转速传感器	6	冷却液温度传感器
3	曲轴位置传感器	7	氧传感器
4	节气门控制部件	8	爆震传感器

2．执行器

（1）简述执行器的作用。

执行器就是一个电控系统的元件。电控系统要完成的各种控制功能，是靠各种执行器来实现的。在控制过程中，执行器将 ECU 传来的控制信号转换成某种机械运动或电器的运动，从而引起发动机运行参数的改变，完成控制功能。

（2）简述执行器的分类。

1）按驱动能源分类

执行器按驱动能源分为气动、电动、液压执行器。

2）按输出位移形式分类

执行器按输出位移形式分为转角型和直线型执行器。

3）按动作规律分类

执行器按动作规律分为开关型、比例型执行器等。

4）按输入控制信号分类

执行器按输入控制信号分为空气压力信号、直流电流信号、电接点通断信号、脉冲信号执行器等。

（3）识别执行器的组成零部件。

查阅资料，根据图 8–1–1 所示的燃油喷射电子控制系统的组成（执行器部分），在表 8–1–2 中填写执行器各组成零部件的名称。

表 8–1–2　　执行器的组成零部件

零部件编号	名称	零部件编号	名称
9	节气门控制部件	12	活性炭罐电磁阀
10	喷油器	13	电动燃油泵
11	带输出驱动级的点火线圈部件		

3．电控单元

（1）简述电控单元的作用。

发动机电控单元的作用是接收传感器或其他装置的输入信号，并将输入信号处理成 ECU 能够接收的信号，如将模拟信号转换成数字信号。

（2）识别电控单元的组成零部件。

查阅资料，根据图 8–1–1 所示的燃油喷射电子控制系统的组成（电控单元部分），在表 8–1–3 中填写电控单元各组成零部件的名称。

表 8–1–3　　电控单元的组成零部件

零部件编号	名称
14	电子控制单元
15	自诊断接口

三、电控系统的工作过程

在图 8–1–2 中将电控系统的工作过程补充完整。

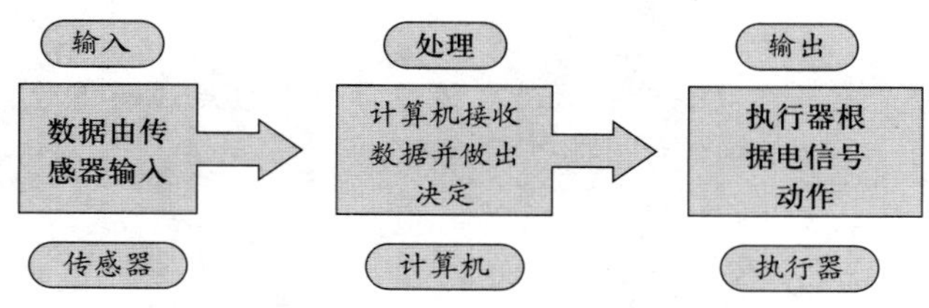

图 8–1–2　电控系统的工作过程

四、认知实训车辆或实训台的发动机电控系统

对照实训车辆或实训台的发动机电控系统，以小组为单位绘制一张电控系统的工作原理简图，并向其他组展示和说明该系统各组成零部件的名称、作用和安装位置。

五、汽车发动机故障警告灯亮故障分析

汽车发动机故障警告灯亮可能是发动机电控系统故障导致的。根据你对发动机电控系统的了解，小组讨论汽车发动机故障警告灯亮时，应主要对发动机电控系统的哪些方面进行检修，以及对应的检修流程和检修方法等，将讨论结果填写在下面的横线上并向其他组展示和说明。

____

____

____

____

____

____

____

六、学习过程评价

学习过程评价见表 8-1-4。

表 8-1-4　　学习过程评价表

班级		姓名		学号		日期	年　月　日
序号	评价要点				配分 / 分	得分	总评 / 分
1	能正确识读和填写工作页，明确学习活动的要求				10		A □（86 ~ 100） B □（76 ~ 85） C □（60 ~ 75） D □（60 以下）
2	能描述电控系统的作用和组成				20		
3	能查阅资料，分析电控系统的工作过程				20		
4	能对照实物，正确说出电控系统各组成零部件的名称、作用和安装位置				10		
5	能查阅资料，明确汽车发动机故障警告灯亮故障的检修内容、检修流程及检修方法				10		
6	能遵守劳动纪律，以积极的态度接受工作任务				10		
7	能积极参与小组讨论，发挥团队合作精神				10		
8	能及时完成教师布置的任务				10		
总　分					100		
小结建议							

学习活动 2　传感器的检查与更换

学习目标

1. 能描述电控系统常用传感器的作用、类型及组成。

2. 能描述汽车故障诊断仪的组成，正确使用汽车故障诊断仪。

3. 能正确判断传感器故障，明确传感器故障的检修内容和检修方法。

4. 能规范地完成电控系统常用传感器的检查，并根据检查结果给出维修建议。

建议学时：6 学时。

学习过程

一、传感器的作用、类型及组成

传感器是监控发动机运转情况，使发动机尾气排放和燃油消耗符合标准、动力和平稳性得以保证的重要部件。

1．查阅资料，根据表 8–2–1 中传感器的名称，写出其作用和类型。

表 8–2–1　　电控系统常用传感器的名称、作用及类型

序号	传感器名称	作用	类型
1	进气温度传感器	监测进气温度，将进气温度转变为电压信号输送给 ECU 作为喷油量修正信号	热电偶、热敏电阻、电阻温度检测器（RTD）和 IC 温度传感器等
2	冷却液温度传感器	监测发动机工作温度，修正喷油量	负温度系数电阻型传感器

续表

序号	传感器名称	作用	类型
3	空气流量传感器	监测发动机的进气量，将发动机进气量信息转换成电信号输送给 ECU，ECU 控制喷油量	热膜式、热线式、叶片式、卡门旋涡式传感器等
4	进气歧管压力传感器	检测进气歧管内的压力变化，并将发动机进气歧管内的进气压力转换为电信号	导体压敏电阻式、电容式、表面弹性波式传感器等
5	凸轮轴位置传感器	采集并向 ECU 输入凸轮轴位置信号，该信号是点火控制的主控信号	磁电感应式和霍尔感应式传感器
6	曲轴位置传感器	产生发动机曲轴转速信号，决定基本喷油量和基本点火提前角；产生发动机曲轴转角信号，判定曲轴（或活塞）位置；产生曲轴基准位置信号，计算曲轴转角	磁电感应式和霍尔感应式传感器
7	节气门位置传感器	检测节气门开度大小并反馈给 ECU，从而改变喷油、点火	霍尔元件式和双滑动电阻器式传感器
8	加速踏板位置传感器	检测加速踏板的位置并反馈给 ECU，ECU 根据驾驶员需求修正点火和喷油量	霍尔元件式和双滑动电阻器式传感器
9	氧传感器	检测废气含氧量并反馈给 ECU，ECU 根据含氧量修正点火和喷油量	二氧化锆、二氧化钛型传感器

2．查阅资料，根据表 8–2–2 中各传感器的结构图，认识传感器各组成部分。

表 8–2–2　　电控系统常用传感器的结构组成

序号	传感器名称	结构图	各组成部分的名称
1	进气温度传感器	1　2　3	1．热敏电阻 2．塑料外壳 3．插头

续表

序号	传感器名称	结构图	各组成部分的名称
2	冷却液温度传感器		1. 连接器
			2. 壳体
3	空气流量传感器	进气气流	1. 连接器
			2. 混合电路盒
			3. 热膜
			4. 外壳
			5. 滤网
			6. 导流格栅
4	进气歧管压力传感器	进气歧管压力	1. 真空室
			2. 硅芯片
			3. 滤清器
			4. 连接器
5	凸轮轴位置传感器		1. 信号盘
			2. 信号齿
			3. 传感器
			4. 连接器

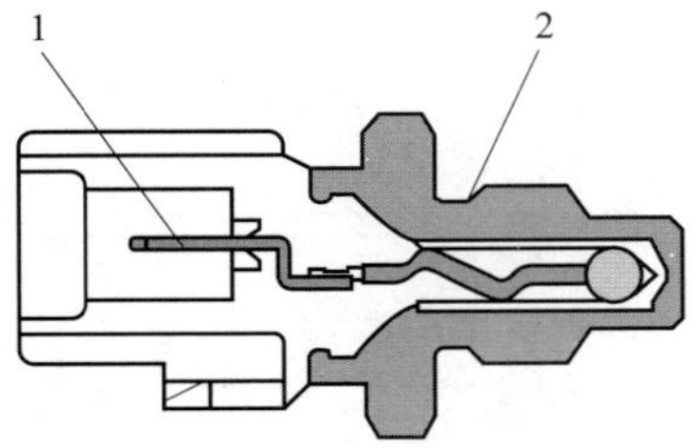

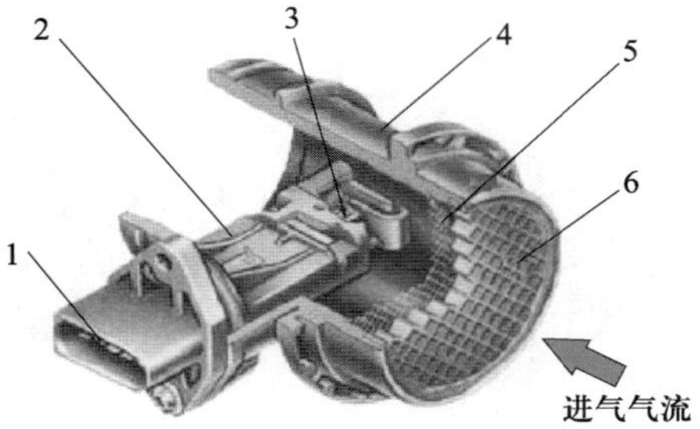

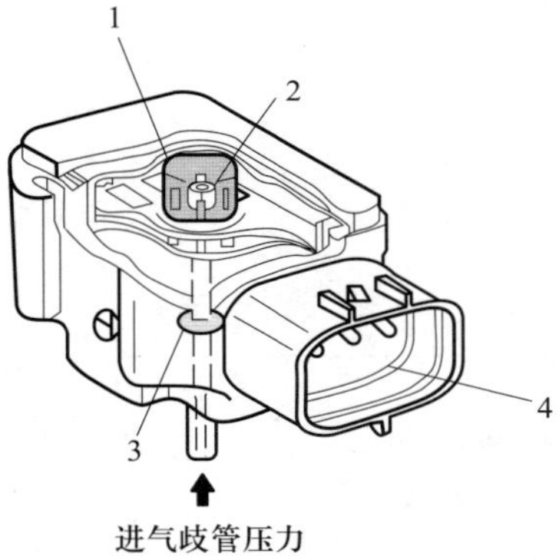

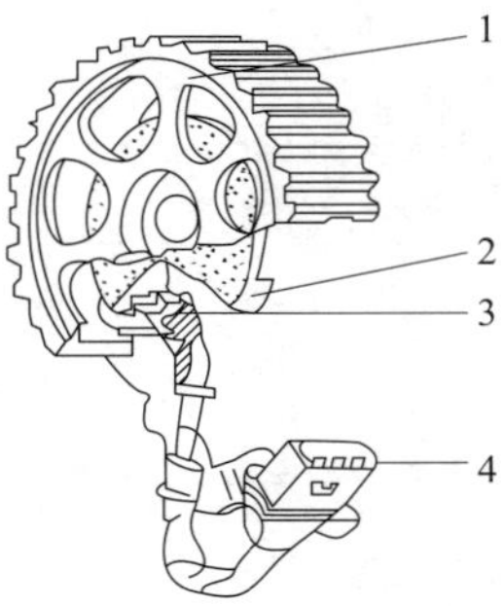

续表

序号	传感器名称	结构图	各组成部分的名称
6	曲轴位置传感器	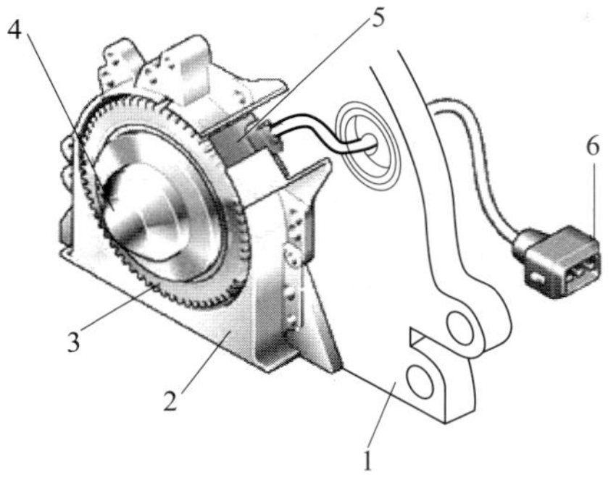	1．气缸体 2．前端盖 3．信号盘 4．曲轴 5．传感器 6．连接器
7	节气门位置传感器	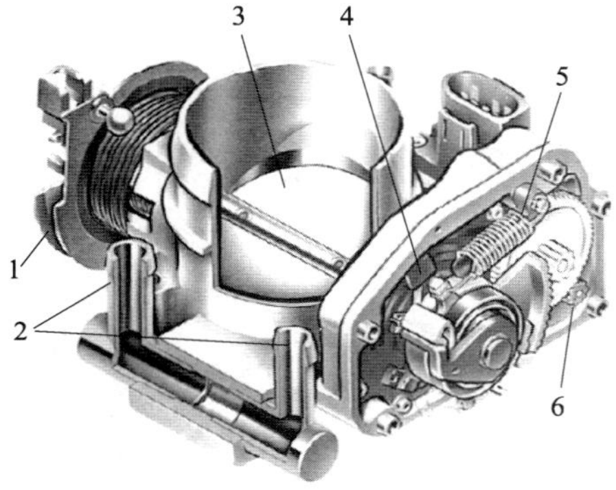	1．拉索器 2．加热水道 3．节气门翻板 4．电阻器 5．回位弹簧 6．限位器
8	加速踏板位置传感器	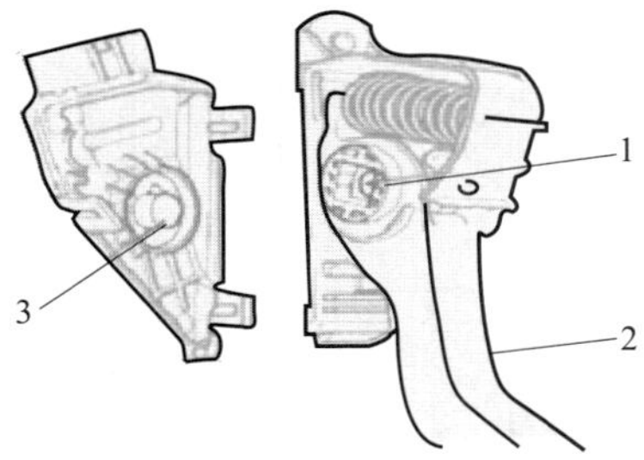	1．磁铁 2．踏板 3．霍尔元件
9	氧传感器	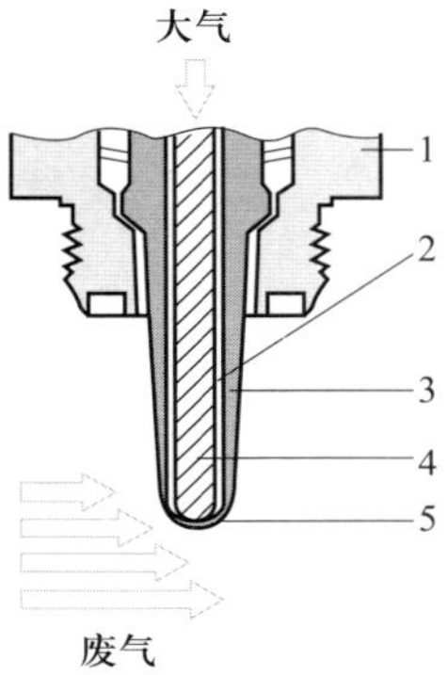 大气 废气	1．壳体 2．氧化锆 3．铂电极 4．加热器 5．传感器护管

二、汽车故障诊断仪的组成及使用

汽车故障诊断仪是针对汽车故障进行检测和诊断的专业仪器，能实时检测和诊断车辆故障。

1．汽车故障诊断仪的组成

根据表 8–2–3，熟悉金德 KT660 汽车故障诊断仪的组成。

表 8–2–3　金德 KT660 汽车故障诊断仪标准部件

序号	组成零部件	名称
1	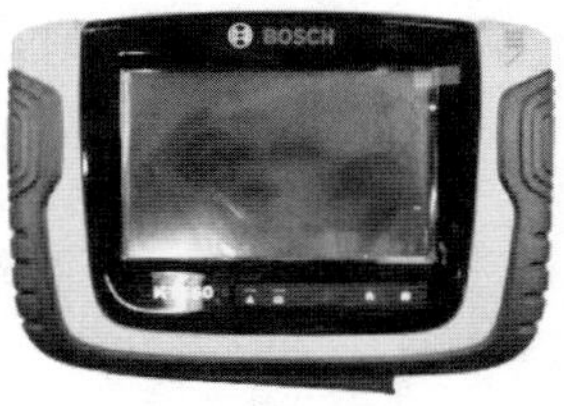	主机 KT660
2	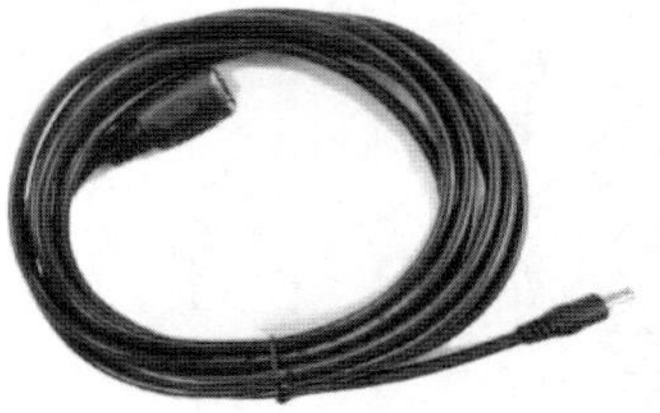	电源延长线
3	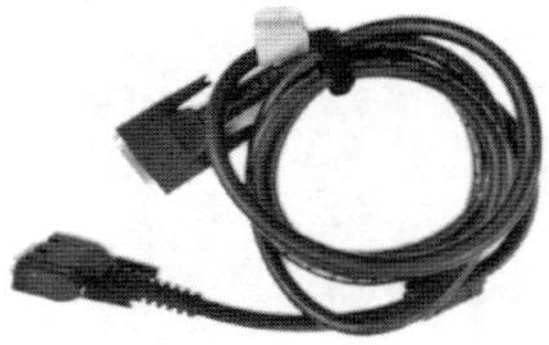	测试延长线
4	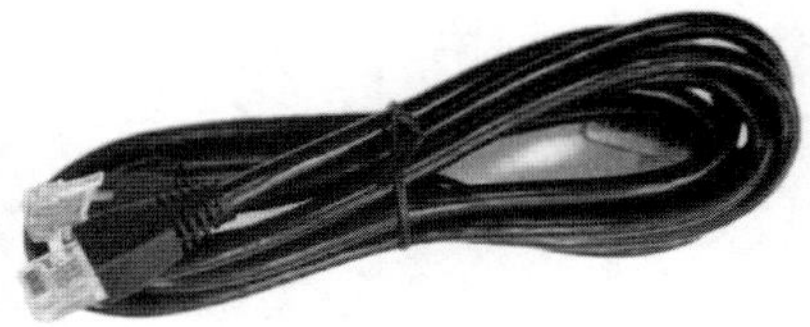	2 m 网线
5	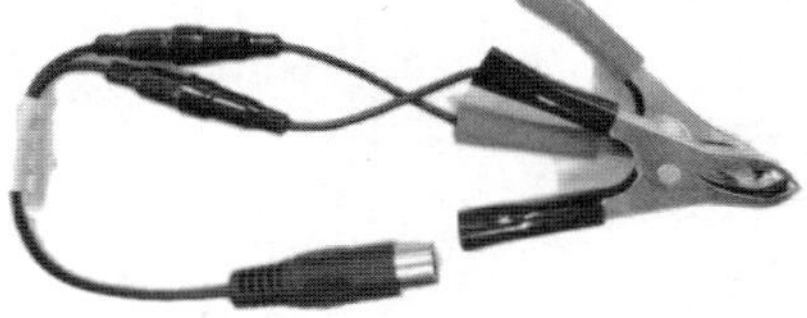	供电线

续表

序号	组成零部件	名称
6		多功能接头跳线
7		OBD 16 PIN 接头

2．用汽车故障诊断仪读取故障码

根据表 8-2-4，练习用汽车故障诊断仪读取故障码。

表 8-2-4　　用汽车故障诊断仪读取故障码

序号	图示	操作步骤
1	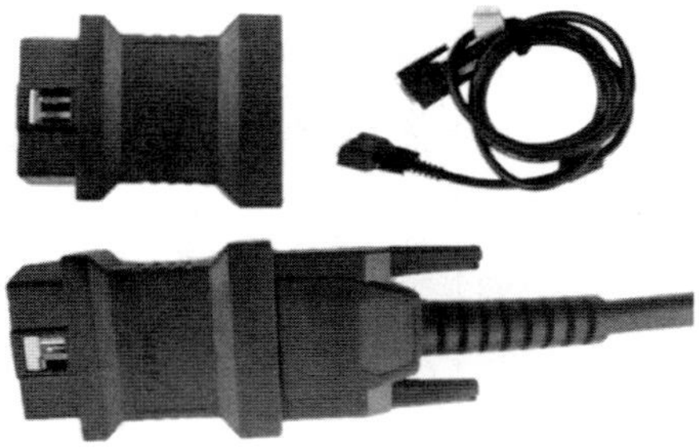	连接 OBD 16 PIN 接头与测试延长线
2	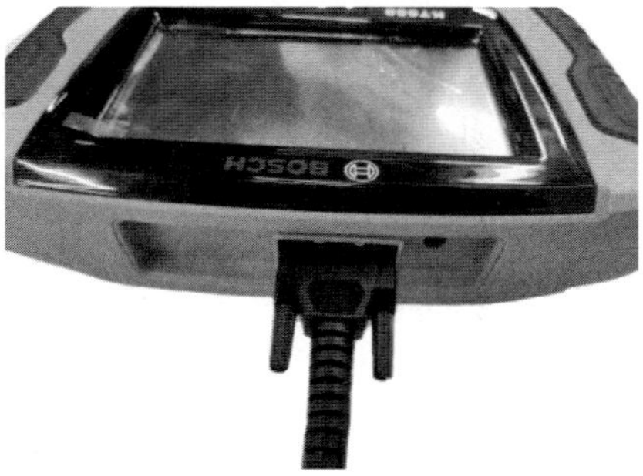	连接 KT660 主机与测试延长线

续表

序号	图示	操作步骤
3	 	找到车辆的 OBD 诊断接头
4	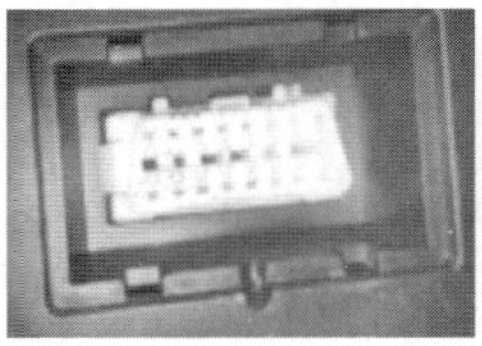 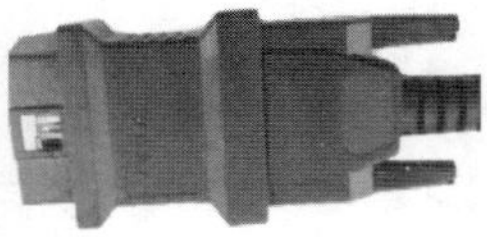	连接 OBD 16 PIN 接头与车辆 OBD 诊断接头，然后打开点火开关
5		开机
6	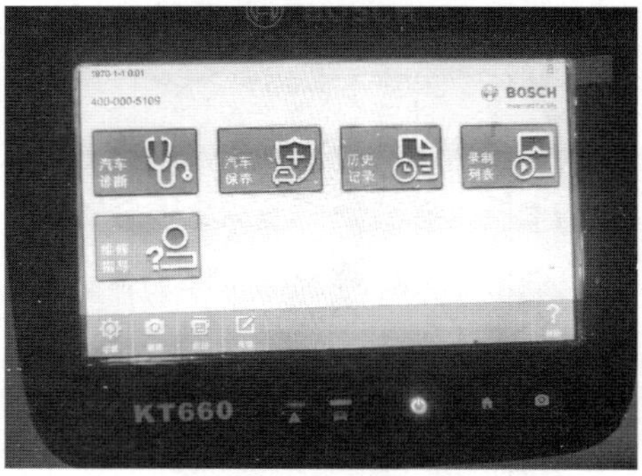	选择“汽车诊断”

续表

序号	图示	操作步骤
7		选择车型
8	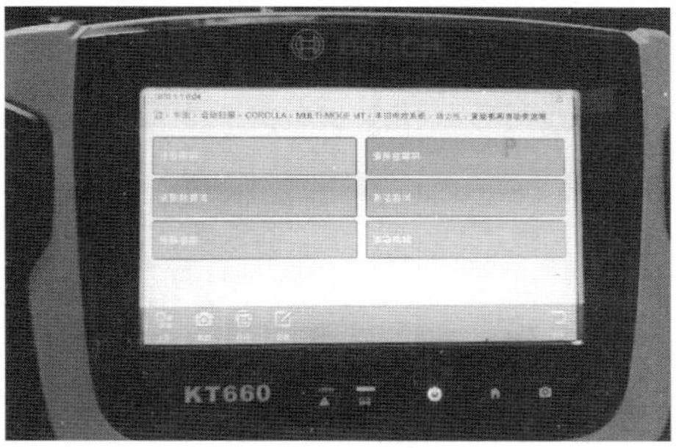	选择“读故障码”进行诊断

3．用汽车故障诊断仪消除故障码

根据表 8–2–5，练习用汽车故障诊断仪消除故障码。

表 8–2–5　用汽车故障诊断仪消除故障码

序号	图示	操作步骤
1	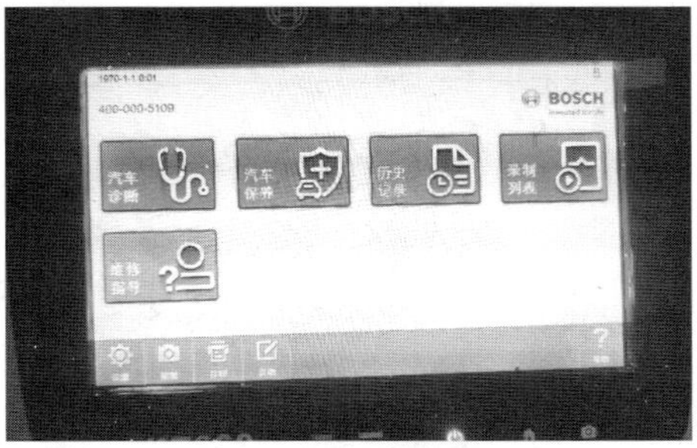 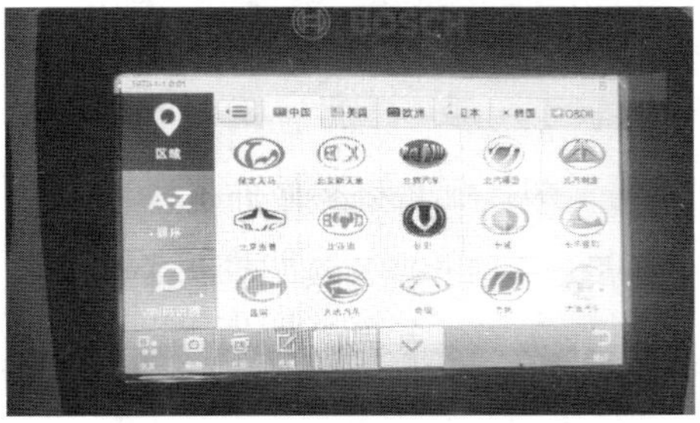	汽车故障诊断仪连接操作同读取故障码部分，连接完成后执行开机→汽车诊断→选择车型操作

续表

序号	图示	操作步骤
2		选择“清除故障码”
3		提示“清除故障码成功！”，按“确定”按钮即完成操作

三、制订检修方案

1．查阅资料，回答下列问题。

（1）如何判断传感器故障?

传感器出现故障时，用故障诊断仪读取故障码，再通过检查外观、测量电压和电阻等进一步确定具体故障部位。

（2）检修各类传感器一般遵循什么原则?

用故障诊断仪读取故障码→传感器周边检查（脏污、氧化、腐蚀、变形等）→本体检查（不连接外部电路，检查电阻）→传感器相关线路→输出信号检查。

（3）传感器出现故障时，应主要从哪些方面对其进行检查？采用什么检修方法?

传感器出现故障时，应主要对其有无氧化、腐蚀和变形，外部线路连接是否正常，本体是否正常，能否正确接收和发送信号等方面进行检查，主要采用的检修方法有外观检查法、电阻测量法和电压测量法等。

2．根据具体工作内容，明确小组成员分工，填写表 8–2–6。

表 8–2–6　小组成员分工

姓名	分工

3．根据要求列出维修所需主要工具及材料清单，填写表 8–2–7。

表 8–2–7　维修所需主要工具及材料清单

序号	工具及材料名称	单位	数量	备注

4．根据小组分工情况及客户要求，制订具体的维修工序，填写表 8–2–8。

表 8–2–8　维修工序安排

序号	维修工序内容	备注

四、检查和更换常用传感器

在检查传感器时首先用汽车故障诊断仪读取故障码，若有故障码，应清除故障码后重新读取故障码，若故障码依旧存在，则按故障码提示检查传感器；若无故障码，则按故障现象进行检查。执行器与电控单元检修参考本活动。

1．进气温度传感器

（1）根据表 8-2-9 进行进气温度传感器的拆卸。

表 8-2-9　　拆卸进气温度传感器

序号	操作图示	作业要领	完成情况
1	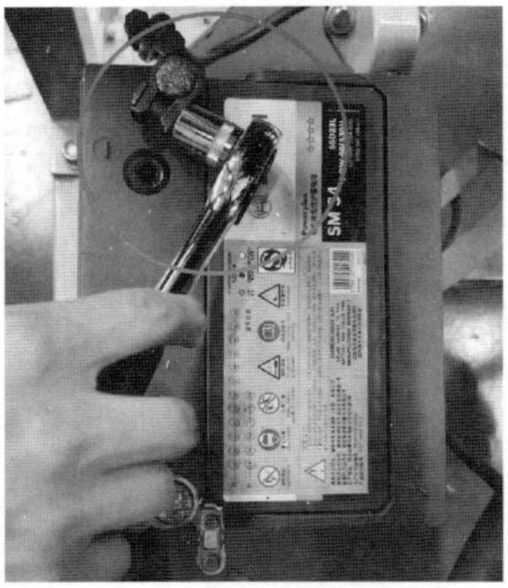	拆下蓄电池负极接线	完　成□ 未完成□
2	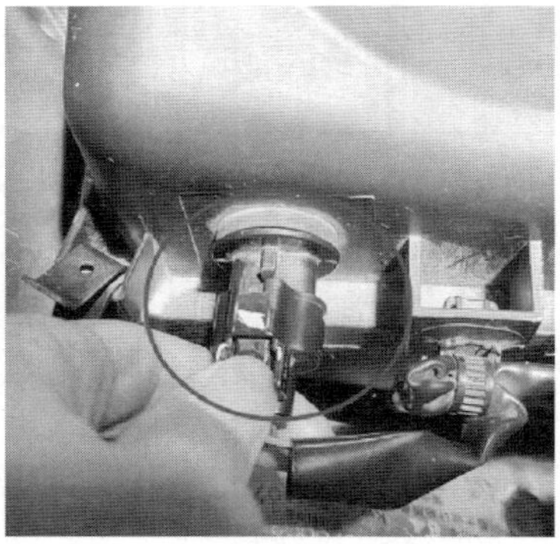	断开进气温度传感器线束连接器	完　成□ 未完成□
3	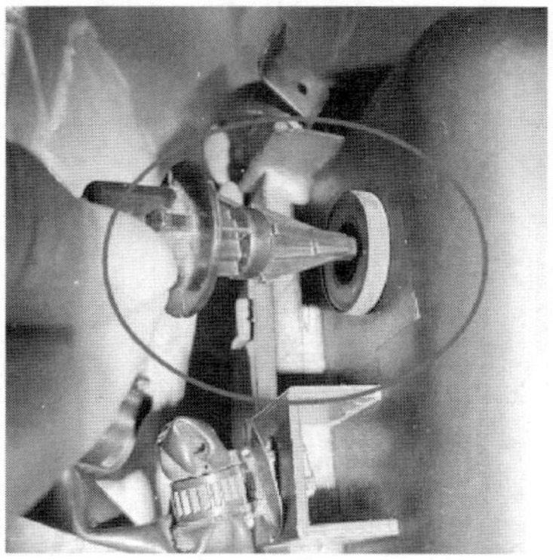	拆下并取出进气温度传感器	完　成□ 未完成□

（2）根据进气温度传感器电路连接图（图 8-2-1），检查进气温度传感器的外观、阻值、工作电压、信号电压以及导线的通断性、绝缘性等，并填写表 8-2-10。图 8-2-1 中，ECM 为发动机电子控制模块，5 V 电源电压由端子 THA 借助于电阻 R 施加到进气温度传感器上，ETHA 为接地端子。

图 8-2-1　进气温度传感器电路连接图[①]

表 8-2-10　检查进气温度传感器

序号	检查内容		检查方法	标准值	测量值	维修建议
1	传感器外观检查		查看	外观完好		
2	B2 1 号端子与 2 号端子阻值检查		测电阻	温度为 20 ℃时，阻值 2 ～ 3 kΩ		
3	导线通断性检查	B2 1 号端子与 B31 65 号端子连接导线阻值检查	测电阻	0 ～ 1 Ω		
4		B2 2 号端子与 B31 88 号端子连接导线阻值检查	测电阻	0 ～ 1 Ω		
5	导线绝缘性检查		测电阻	∞		
6	传感器工作电压检查：断开传感器线束连接器，测量 B2 1 号端子与蓄电池负极之间的电压		测电压	5 V		
7	传感器信号电压检查：连接传感器线束连接器，测量 B2 1 号端子与蓄电池负极之间的电压		测电压	0 ～ 5 V		

① 书中所有电路连接图均为产品原图，与标准电路图有区别。

2．冷却液温度传感器

（1）根据表 8-2-11 进行冷却液温度传感器的拆卸。

表 8-2-11　拆卸冷却液温度传感器

序号	操作图示	作业要领	完成情况
1	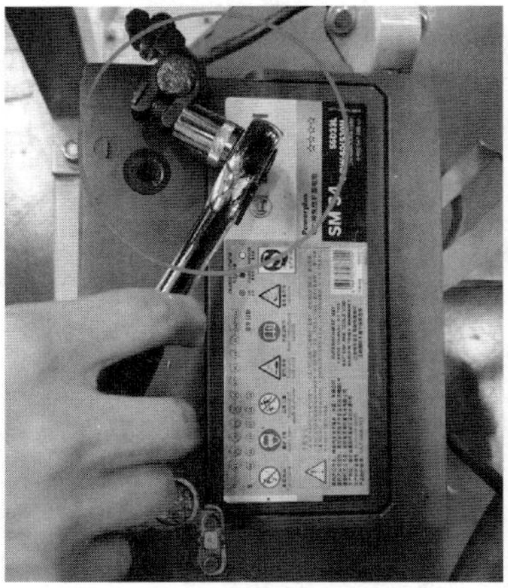	拆下蓄电池负极接线	完　成□ 未完成□
2	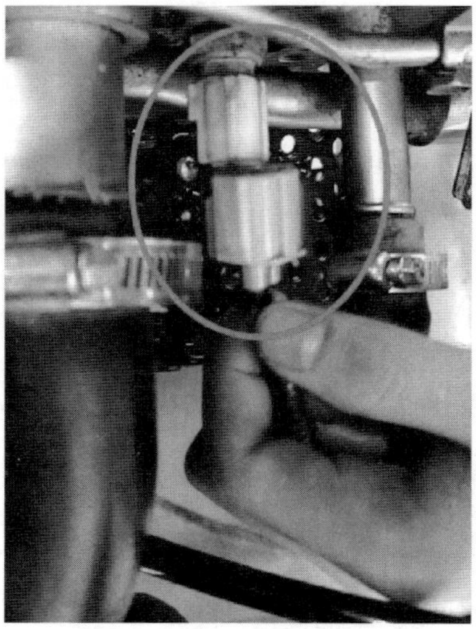	断开冷却液温度传感器线束连接器	完　成□ 未完成□

续表

序号	操作图示	作业要领	完成情况
3		使用梅花扳手拆下冷却液温度传感器	完　成□ 未完成□
4		取下冷却液温度传感器	完　成□ 未完成□

（2）根据冷却液温度传感器电路连接图（图 8–2–2），检查冷却液温度传感器的外观、阻值、工作电压、信号电压以及导线的通断性、绝缘性等，并填写表 8–2–12。

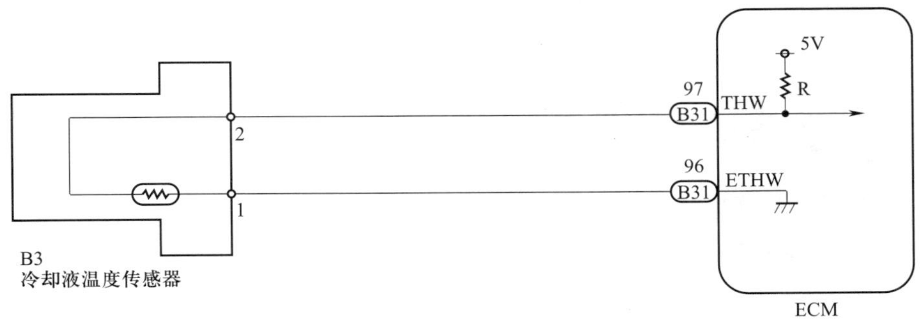

图 8–2–2　冷却液温度传感器电路连接图

表 8-2-12　检查冷却液温度传感器

<table>
<tr><th>序号</th><th colspan="2">检查内容</th><th>检查方法</th><th>标准值</th><th>测量值</th><th>维修建议</th></tr>
<tr><td>1</td><td colspan="2">传感器外观检查</td><td>查看</td><td>外观完好</td><td></td><td></td></tr>
<tr><td>2</td><td colspan="2">B3 1 号端子与 2 号端子阻值检查</td><td>测电阻</td><td>温度为 10 ℃时，阻值为 150 ~ 225 Ω</td><td></td><td></td></tr>
<tr><td>3</td><td rowspan="2">导线通断性检查</td><td>B3 1 号端子与 B31 96 号端子连接导线阻值检查</td><td>测电阻</td><td>0 ~ 1 Ω</td><td></td><td></td></tr>
<tr><td>4</td><td>B3 2 号端子与 B31 97 号端子连接导线阻值检查</td><td>测电阻</td><td>0 ~ 1 Ω</td><td></td><td></td></tr>
<tr><td>5</td><td colspan="2">导线绝缘性检查</td><td>测电阻</td><td>∞</td><td></td><td></td></tr>
<tr><td>6</td><td colspan="2">传感器工作电压检查：断开传感器线束连接器，测量 B3 2 号端子与蓄电池负极之间的电压</td><td>测电压</td><td>5 V</td><td></td><td></td></tr>
<tr><td>7</td><td colspan="2">传感器信号电压检查：连接传感器线束连接器，测量 B3 2 号端子与蓄电池负极之间的电压</td><td>测电压</td><td>0 ~ 5 V</td><td></td><td></td></tr>
</table>

3．空气流量传感器

（1）根据表 8-2-13 进行空气流量传感器的拆卸。

表 8-2-13　拆卸空气流量传感器

序号	操作图示	作业要领	完成情况
1	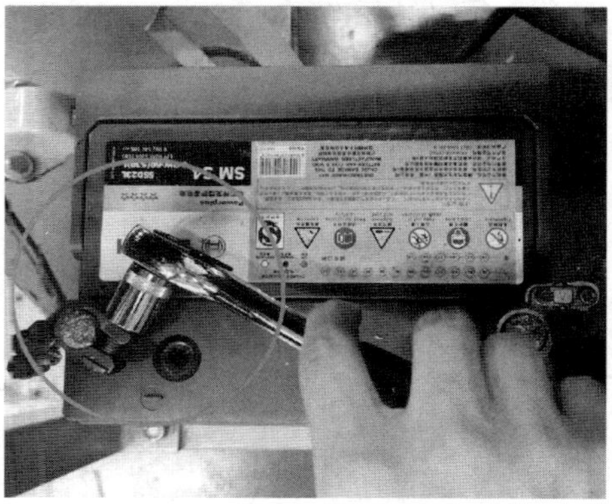	拆下蓄电池负极接线	完　成□ 未完成□

续表

序号	操作图示	作业要领	完成情况
2	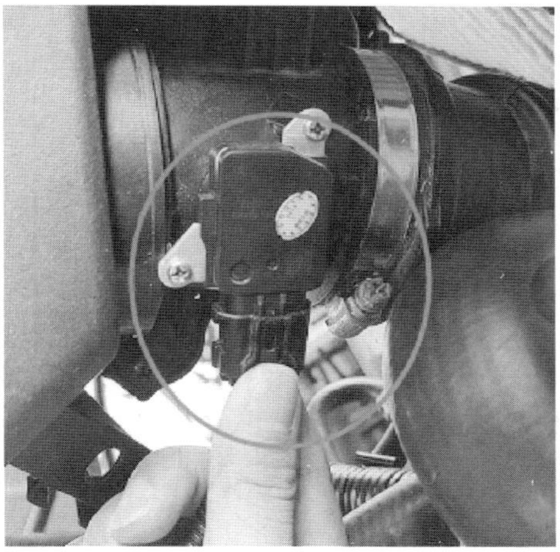	断开空气流量传感器线束连接器	完　成□ 未完成□
3	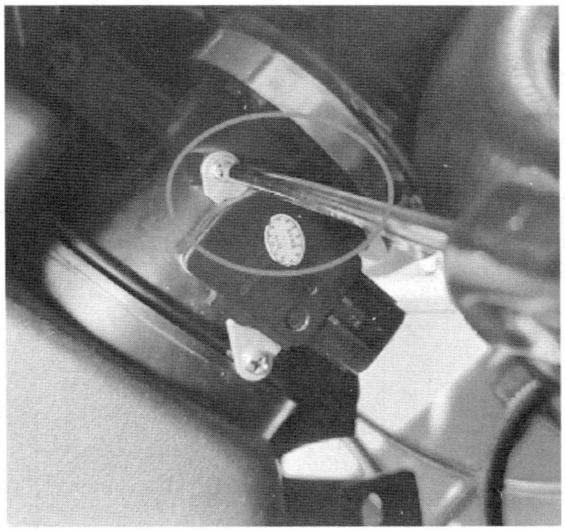	拆下空气流量传感器固定螺钉	完　成□ 未完成□
4	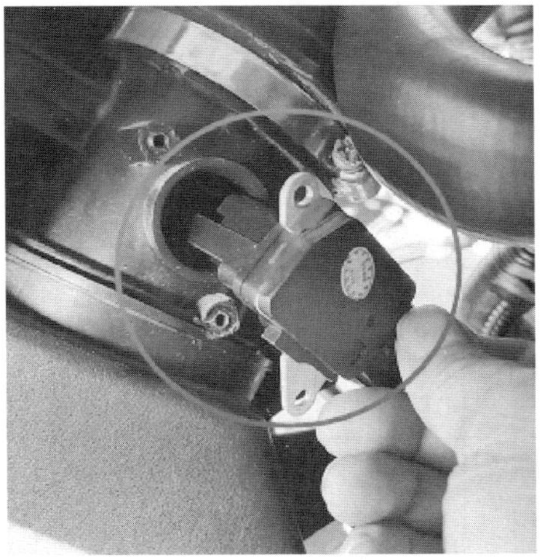	取出空气流量传感器	完　成□ 未完成□

（2）根据空气流量传感器电路连接图（图 8–2–3），检查空气流量传感器的外观、电源电压、工作电压、信号电压以及导线的通断性、绝缘性等，并填写表 8–2–14。图中，EFI MAIN 1 为 EFI 主继电器，FL MAIN、P/I、EFI MAIN 2、EFI No.1 为熔丝。

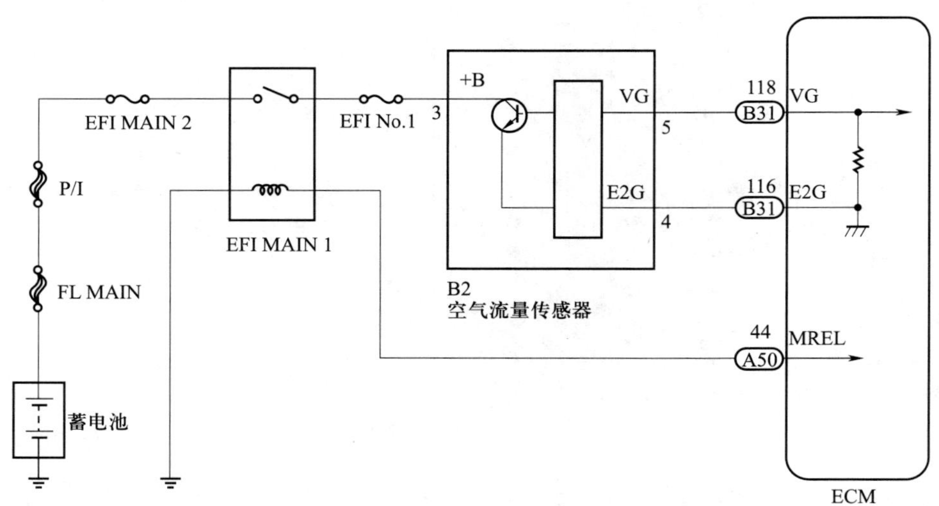

图 8–2–3　空气流量传感器电路连接图

表 8–2–14　　检查空气流量传感器

<table>
<tr><th>序号</th><th colspan="2">检查内容</th><th>检查方法</th><th>标准值</th><th>测量值</th><th>维修建议</th></tr>
<tr><td>1</td><td colspan="2">传感器外观检查</td><td>查看</td><td>外观完好</td><td></td><td></td></tr>
<tr><td>2</td><td rowspan="2">导线通断性检查</td><td>B2 5 号端子与 B31 118 号端子连接导线阻值检查</td><td>测电阻</td><td>0 ~ 1 Ω</td><td></td><td></td></tr>
<tr><td>3</td><td>B2 4 号端子与 B31 116 号端子连接导线阻值检查</td><td>测电阻</td><td>0 ~ 1 Ω</td><td></td><td></td></tr>
<tr><td>4</td><td colspan="2">导线绝缘性检查</td><td>测电阻</td><td>∞</td><td></td><td></td></tr>
<tr><td>5</td><td colspan="2">传感器电源电压检查：断开传感器线束连接器，测量 B2 3 号端子与蓄电池负极之间的电压</td><td>测电压</td><td>12 V</td><td></td><td></td></tr>
<tr><td>6</td><td colspan="2">传感器工作电压检查：断开传感器线束连接器，测量 B2 5 号端子与蓄电池负极之间的电压</td><td>测电压</td><td>5 V</td><td></td><td></td></tr>
<tr><td>7</td><td colspan="2">传感器信号电压检查：连接传感器线束连接器，测量 B2 5 号端子与蓄电池负极之间的电压</td><td>测电压</td><td>0 ~ 5 V</td><td></td><td></td></tr>
</table>

4．进气歧管压力传感器

（1）根据表 8-2-15 进行进气歧管压力传感器的拆卸。

表 8-2-15　拆卸进气歧管压力传感器

序号	操作图示	作业要领	完成情况
1	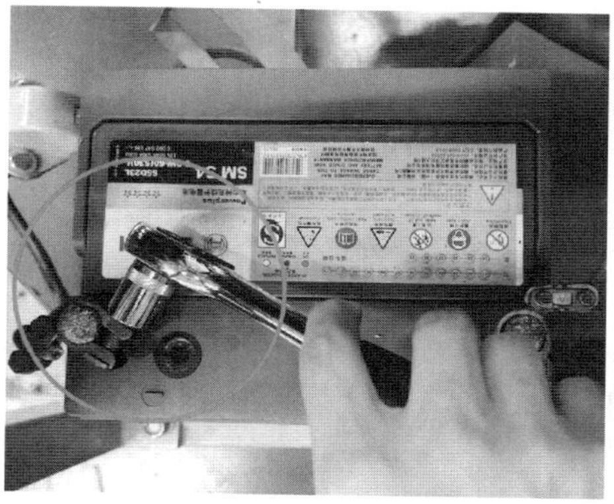	拆下蓄电池负极接线	完　成□ 未完成□
2	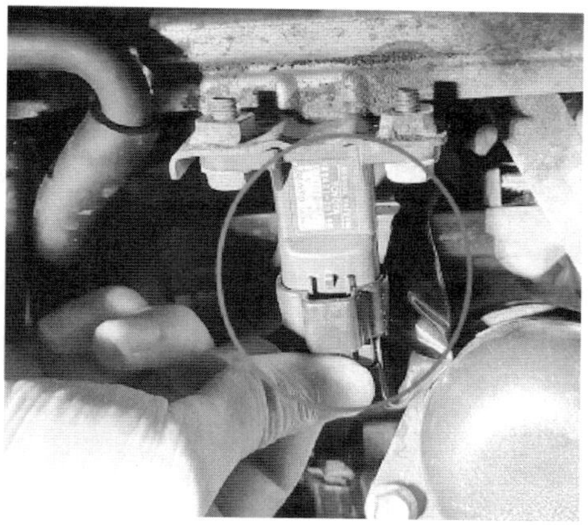	断开进气歧管压力传感器线束连接器	完　成□ 未完成□
3		拆下进气歧管压力传感器固定螺钉	完　成□ 未完成□

续表

序号	操作图示	作业要领	完成情况
4		拆下进气歧管压力传感器真空管	完　成□ 未完成□

（2）根据进气歧管压力传感器电路连接图（图 8-2-4），检查进气歧管压力传感器的外观、工作电压、信号电压以及导线的通断性、绝缘性等，并填写表 8-2-16。

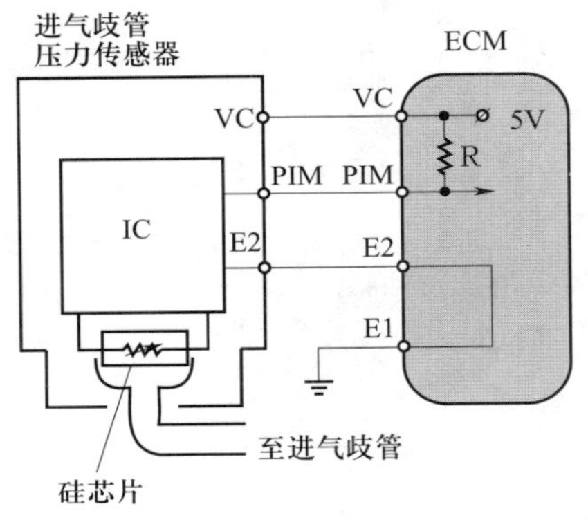

图 8-2-4　进气歧管压力传感器电路连接图

表 8-2-16　检查进气歧管压力传感器

<table>
<tr><th>序号</th><th colspan="2">检查内容</th><th>检查方法</th><th>标准值</th><th>测量值</th><th>维修建议</th></tr>
<tr><td>1</td><td colspan="2">传感器外观检查</td><td>查看</td><td>外观完好</td><td></td><td></td></tr>
<tr><td>2</td><td rowspan="3">导线通断性检查</td><td>传感器与发动机 ECM VC 端子连接导线阻值检查</td><td>测电阻</td><td>0 ~ 1 Ω</td><td></td><td></td></tr>
<tr><td>3</td><td>传感器与发动机 ECM PIM 端子连接导线阻值检查</td><td>测电阻</td><td>0 ~ 1 Ω</td><td></td><td></td></tr>
<tr><td>4</td><td>传感器与发动机 ECM E2 端子连接导线阻值检查</td><td>测电阻</td><td>0 ~ 1 Ω</td><td></td><td></td></tr>
</table>

续表

序号	检查内容	检查方法	标准值	测量值	维修建议
5	导线绝缘性检查	测电阻	∞		
6	传感器工作电压检查：断开传感器线束连接器，测量发动机 ECM VC 端子与蓄电池负极之间的电压	测电压	5 V		
7	传感器信号电压检查：连接传感器线束连接器，测量发动机 ECM VC 端子与蓄电池负极之间的电压	测电压	0 ~ 5 V		

5．凸轮轴位置传感器

（1）根据表 8–2–17 进行凸轮轴位置传感器的拆卸。

表 8–2–17　拆卸凸轮轴位置传感器

序号	操作图示	作业要领	完成情况
1	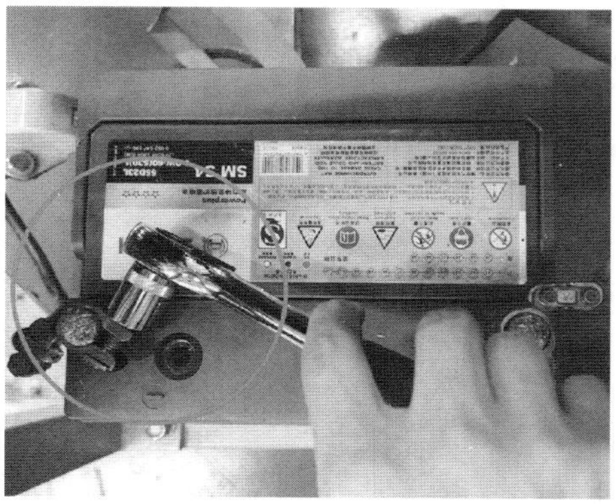	拆下蓄电池负极接线	完　成□ 未完成□
2	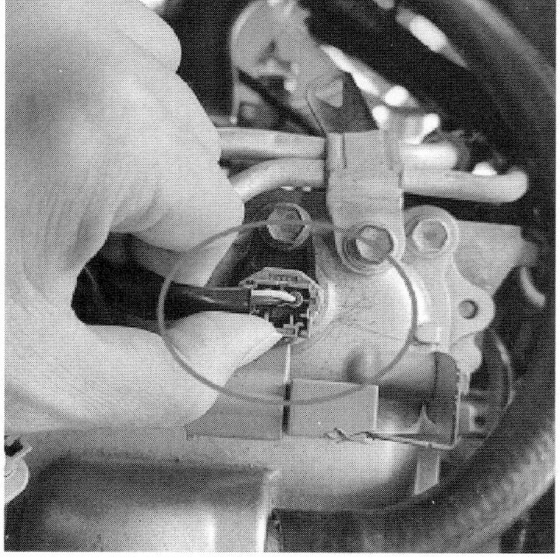	断开凸轮轴位置传感器线束连接器	完　成□ 未完成□

续表

序号	操作图示	作业要领	完成情况
3	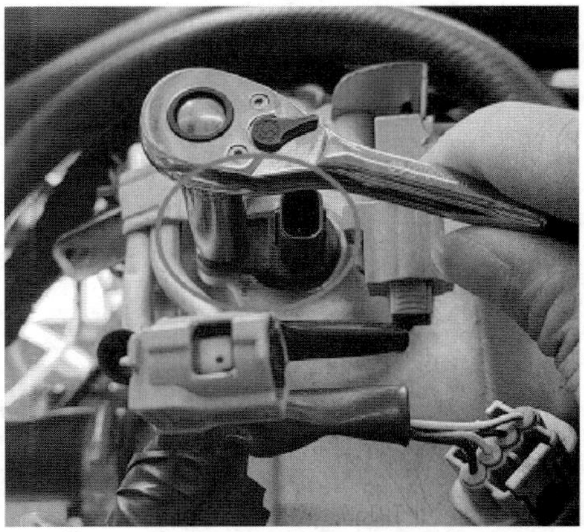	拆下凸轮轴位置传感器固定螺栓	完　成□ 未完成□
4		取出凸轮轴位置传感器	完　成□ 未完成□

（2）根据凸轮轴位置传感器电路连接图（图 8-2-5），检查凸轮轴位置传感器的外观、工作电压、信号电压以及导线的通断性、绝缘性等，并填写表 8-2-18。

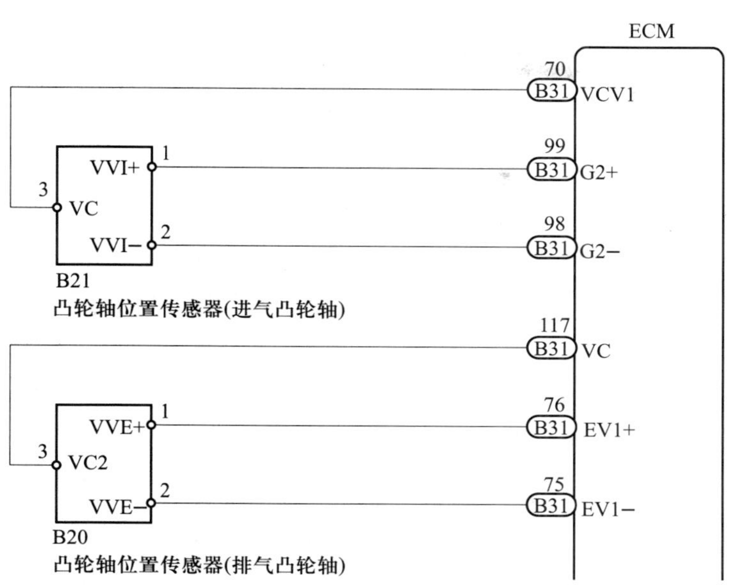

图 8-2-5　凸轮轴位置传感器电路连接图

表 8-2-18　检查凸轮轴位置传感器

序号	检查内容		检查方法	标准值	测量值	维修建议
1	传感器外观检查		查看	外观完好		
2	导线通断性检查	B21 3 号端子与 B31 70 号端子连接导线阻值检查	测电阻	0 ~ 1 Ω		
3		B21 1 号端子与 B31 99 号端子连接导线阻值检查	测电阻	0 ~ 1 Ω		
4		B21 2 号端子与 B31 98 号端子连接导线阻值检查	测电阻	0 ~ 1 Ω		
5		B20 3 号端子与 B31 117 号端子连接导线阻值检查	测电阻	0 ~ 1 Ω		
6		B20 1 号端子与 B31 76 号端子连接导线阻值检查	测电阻	0 ~ 1 Ω		
7		B20 2 号端子与 B31 75 号端子连接导线阻值检查	测电阻	0 ~ 1 Ω		
8	导线绝缘性检查		测电阻	∞		

续表

序号	检查内容		检查方法	标准值	测量值	维修建议
9	传感器工作电压检查	断开传感器线束连接器，测量 B21 3 号端子与蓄电池负极之间的电压	测电压	5 V		
10		断开传感器线束连接器，测量 B20 3 号端子与蓄电池负极之间的电压	测电压	5 V		
11	传感器信号电压检查	连接传感器线束连接器，测量 B21 3 号端子与蓄电池负极之间的电压	测电压	0 ~ 5 V		
12		连接传感器线束连接器，测量 B20 3 号端子与蓄电池负极之间的电压	测电压	0 ~ 5 V		

6．曲轴位置传感器

（1）根据表 8-2-19 进行曲轴位置传感器的拆卸。

表 8-2-19　　拆卸曲轴位置传感器

序号	操作图示	作业要领	完成情况
1		拆下蓄电池负极接线	完　成□ 未完成□

续表

序号	操作图示	作业要领	完成情况
2	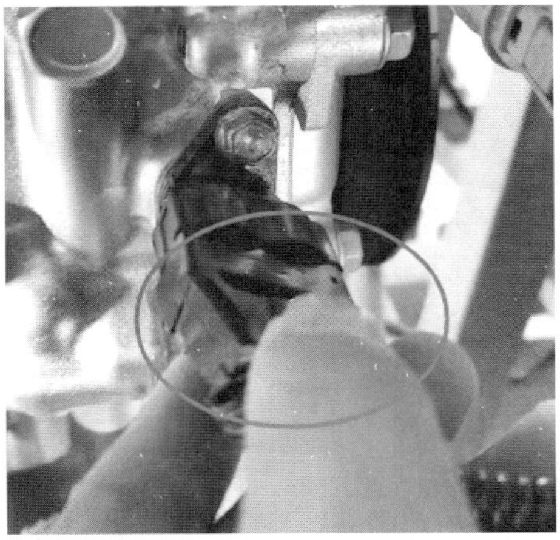	断开曲轴位置传感器线束连接器	完　成□ 未完成□
3	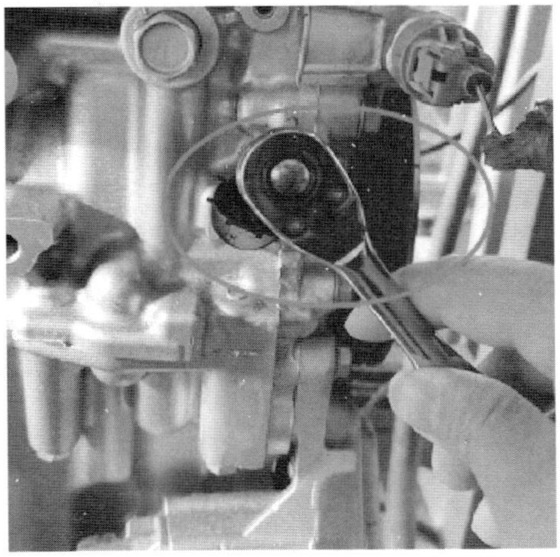	拆下曲轴位置传感器固定螺栓	完　成□ 未完成□
4	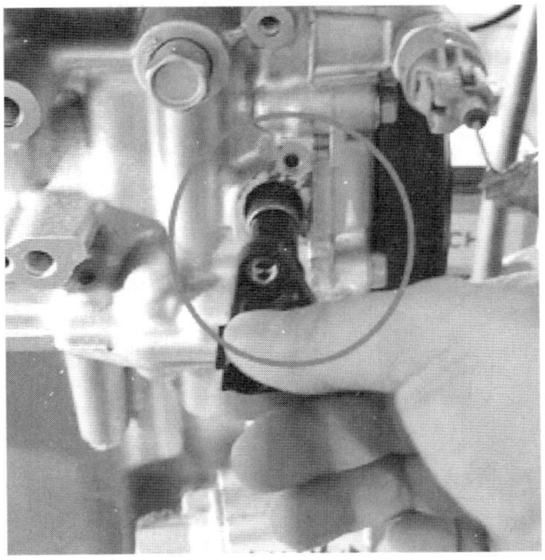	取出曲轴位置传感器	完　成□ 未完成□

（2）根据曲轴位置传感器电路连接图（图 8-2-6），检查曲轴位置传感器的外观、阻值、信号电压以及导线的通断性、绝缘性等，并填写表 8-2-20。

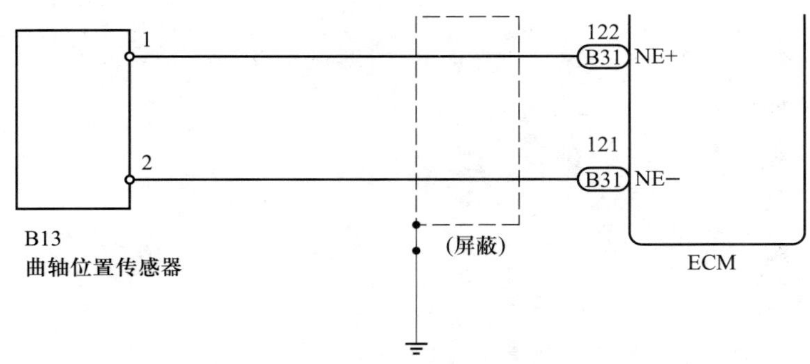

图 8-2-6　曲轴位置传感器电路连接图

表 8-2-20　检查曲轴位置传感器

序号	检查内容		检查方法	标准值	测量值	维修建议
1	传感器外观检查		查看	外观完好		
2	B13 1 号端子与 B13 2 号端子阻值检查（断开传感器线束连接器）		测电阻	1 ~ 2 kΩ		
3	导线通断性检查	B13 1 号端子与 B31 122 号端子连接导线阻值检查	测电阻	0 ~ 1 Ω		
4		B13 2 号端子与 B31 121 号端子连接导线阻值检查	测电阻	0 ~ 1 Ω		
5	导线绝缘性检查		测电阻	∞		
6	传感器信号电压检查：启动发动机，测量 B13 1 号端子与 B13 2 号端子之间的电压		测电压	1.4 ~ 1.8 V（AC）		

7．节气门位置传感器

（1）根据表 8–2–21 进行节气门位置传感器的拆卸。

表 8–2–21　　拆卸节气门位置传感器

序号	操作图示	作业要领	完成情况
1	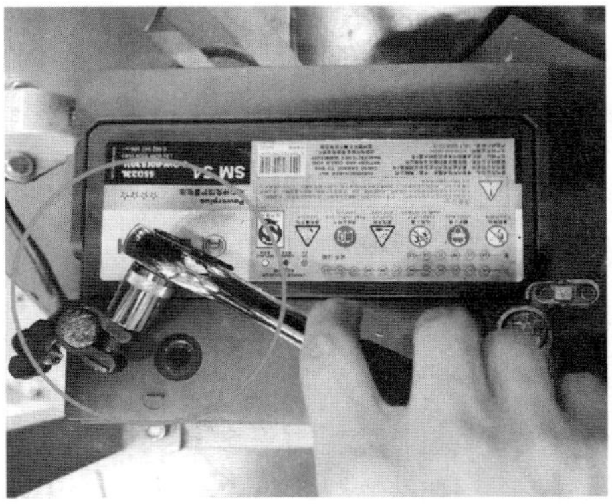	拆下蓄电池负极接线	完　成□ 未完成□
2	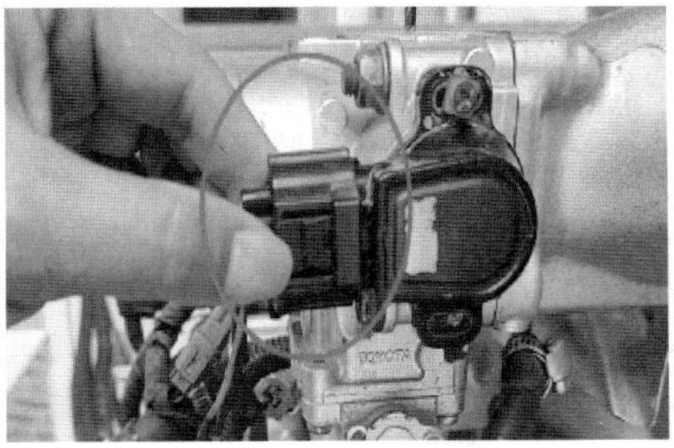	断开节气门位置传感器线束连接器	完　成□ 未完成□
3	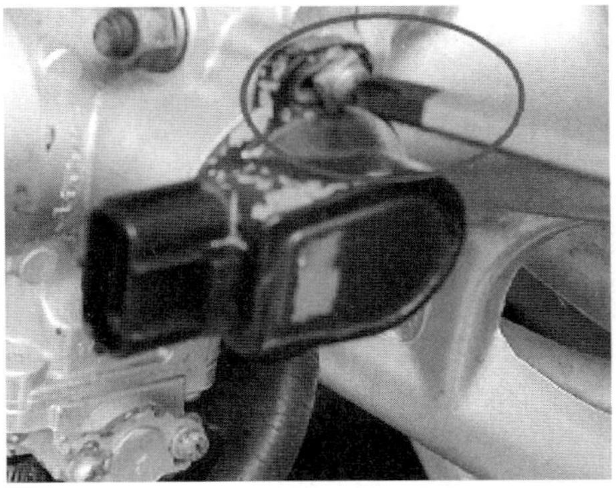	拆下节气门位置传感器固定螺钉	完　成□ 未完成□
4		取下节气门位置传感器	完　成□ 未完成□

（2）根据节气门位置传感器电路连接图（图 8–2–7），检查节气门位置传感器的外观、阻值、工作电压、信号电压以及导线的通断性、绝缘性等，并填写表 8–2–22。

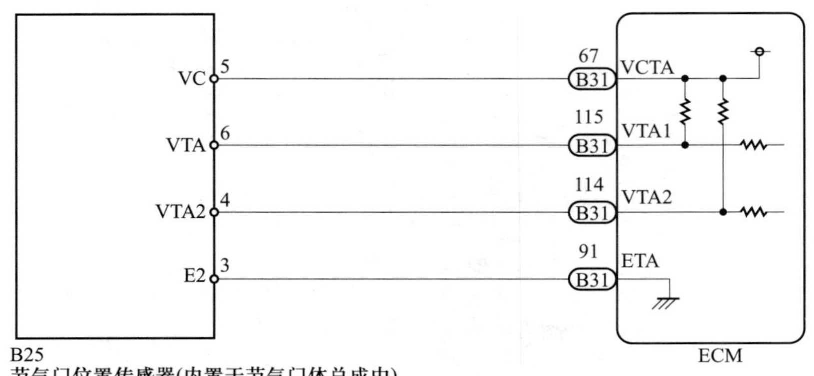

图 8–2–7　节气门位置传感器电路连接图

表 8–2–22　检查节气门位置传感器

序号	检查内容		检查方法	标准值	测量值	维修建议
1	传感器外观检查		查看	外观完好		
2	传感器阻值检查	B25 5 号端子与 B25 3 号端子阻值检查	测电阻	60 Ω		
3		B25 5 号端子与 B25 6 号端子在节气门开度为 50% 时的阻值检查	测电阻	180 Ω		
4		B25 5 号端子与 B25 4 号端子在节气门开度为 50% 时的阻值检查	测电阻	60 Ω		
5	导线通断性检查	B25 5 号端子与 B31 67 号端子连接导线阻值检查	测电阻	0 ~ 1 Ω		
6		B25 6 号端子与 B31 115 号端子连接导线阻值检查	测电阻	0 ~ 1 Ω		
7		B25 4 号端子与 B31 114 号端子连接导线阻值检查	测电阻	0 ~ 1 Ω		
8		B25 3 号端子与 B31 91 号端子连接导线阻值检查	测电阻	0 ~ 1 Ω		
9	导线绝缘性检查		测电阻	∞		
10	传感器工作电压检查：断开传感器线束连接器，测量 B25 5 号端子与蓄电池负极之间的电压		测电压	5 V		

续表

序号	检查内容		检查方法	标准值	测量值	维修建议
11	传感器信号电压检查	连接传感器线束连接器，测量B25 6号端子与蓄电池负极在节气门开度为50%时的电压	测电压	2.5 V		
12		连接传感器线束连接器，测量B25 4号端子与蓄电池负极在节气门开度为50%时的电压	测电压	2.5 V		

8．加速踏板位置传感器

（1）根据表8-2-23进行加速踏板位置传感器的拆卸。

表8-2-23　拆卸加速踏板位置传感器

序号	操作图示	作业要领	完成情况
1	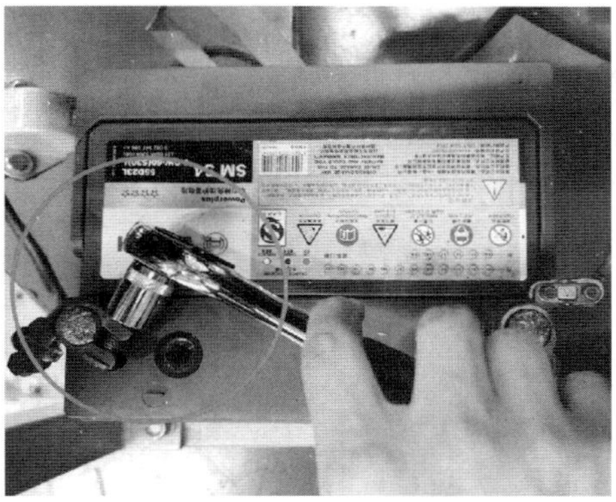	拆下蓄电池负极接线	完　成□ 未完成□
2	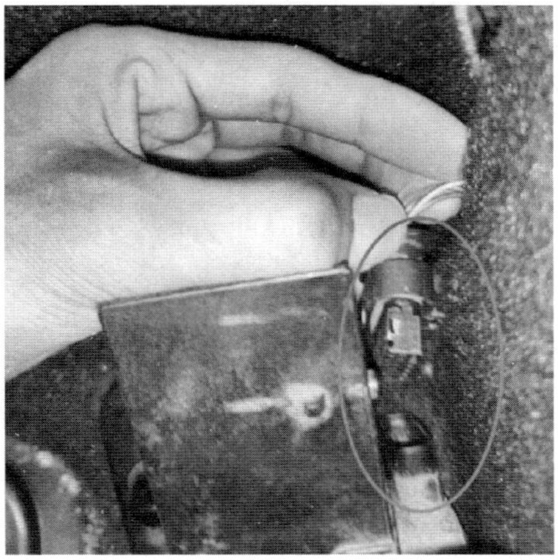	断开加速踏板位置传感器线束连接器	完　成□ 未完成□

续表

序号	操作图示	作业要领	完成情况
3	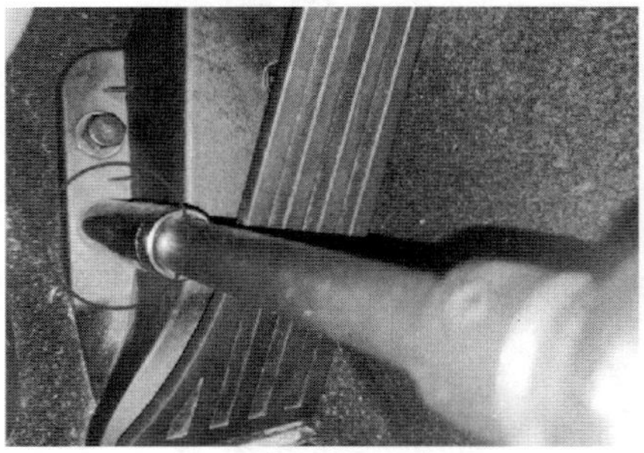	拆下加速踏板位置传感器固定螺栓 2	完　成□ 未完成□
4		拆下加速踏板位置传感器固定螺栓 1	完　成□ 未完成□
5	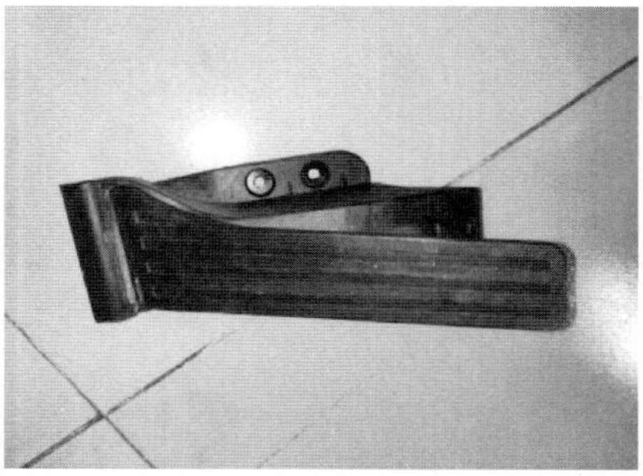	取出加速踏板位置传感器	完　成□ 未完成□

（2）根据加速踏板位置传感器电路连接图（图 8–2–8），检查加速踏板位置传感器的外观、工作电压、信号电压以及导线的通断性、绝缘性等，并填写表 8–2–24。

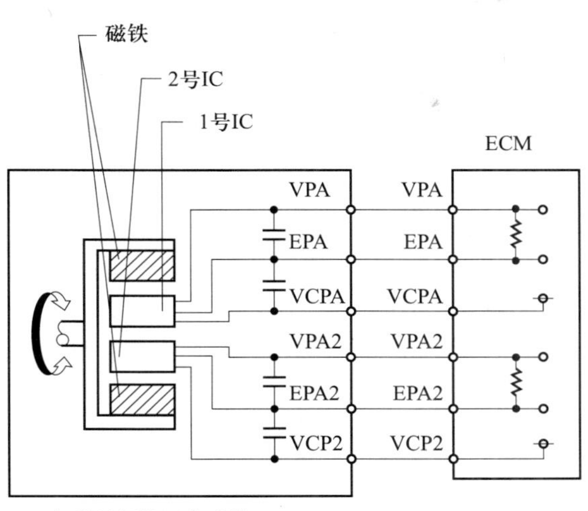

图 8-2-8　加速踏板位置传感器电路连接图

表 8-2-24　检查加速踏板位置传感器

序号	检查内容		检查方法	标准值	测量值	维修建议
1	传感器外观检查		查看	外观完好		
2	导线通断性检查	传感器与发动机 ECM VPA 端子连接导线阻值检查	测电阻	0 ~ 1 Ω		
3		传感器与发动机 ECM EPA 端子连接导线阻值检查	测电阻	0 ~ 1 Ω		
4		传感器与发动机 ECM VCPA 端子连接导线阻值检查	测电阻	0 ~ 1 Ω		
5		传感器与发动机 ECM VPA2 端子连接导线阻值检查	测电阻	0 ~ 1 Ω		
6		传感器与发动机 ECM EPA2 端子连接导线阻值检查	测电阻	0 ~ 1 Ω		
7		传感器与发动机 ECM VCP2 端子连接导线阻值检查	测电阻	0 ~ 1 Ω		
8	导线绝缘性检查		测电阻	∞		
9	传感器工作电压检查	断开传感器线束连接器，测量发动机 ECM VCPA 端子与蓄电池负极之间的电压	测电压	5 V		
10		断开传感器线束连接器，测量发动机 ECM VCP2 端子与蓄电池负极之间的电压	测电压	5 V		

续表

<table>
<tr><th>序号</th><th colspan="2">检查内容</th><th>检查方法</th><th>标准值</th><th>测量值</th><th>维修建议</th></tr>
<tr><td>11</td><td rowspan="2">传感器信号电压检查</td><td>连接传感器线束连接器，测量发动机 ECM VPA 端子与蓄电池负极之间的电压</td><td>测电压</td><td>0 ~ 5 V</td><td></td><td></td></tr>
<tr><td>12</td><td>连接传感器线束连接器，测量发动机 ECM VPA2 与蓄电池负极之间的电压</td><td>测电压</td><td>0 ~ 5 V</td><td></td><td></td></tr>
</table>

9．氧传感器

（1）根据表 8-2-25 进行氧传感器的拆卸。

表 8-2-25　拆卸氧传感器

序号	操作图示	作业要领	完成情况
1		拆下蓄电池负极接线	完　成□ 未完成□
2		断开氧传感器线束连接器	完　成□ 未完成□

续表

序号	操作图示	作业要领	完成情况
3		使用氧传感器专用套筒及棘轮扳手拆下氧传感器	完　成□ 未完成□
4		取出氧传感器	完　成□ 未完成□

（2）根据氧传感器电路连接图（图 8-2-9），检查氧传感器的外观、阻值、工作电压、信号电压以及导线的通断性、绝缘性等，并填写表 8-2-26。

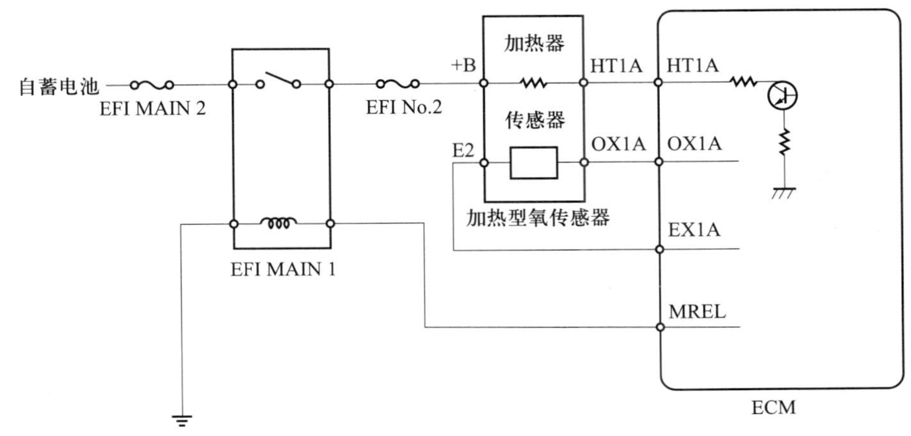

图 8-2-9　氧传感器电路连接图

表 8-2-26　　　　检查氧传感器

<table>
<tr><th>序号</th><th colspan="2">检查内容</th><th>检查方法</th><th>标准值</th><th>测量值</th><th>维修建议</th></tr>
<tr><td>1</td><td colspan="2">传感器外观检查</td><td>查看</td><td>外观完好</td><td></td><td></td></tr>
<tr><td>2</td><td colspan="2">传感器 +B 端子与 HT1A 端子阻值检查</td><td>测电阻</td><td>0.1 ~ 0.9 Ω</td><td></td><td></td></tr>
<tr><td>3</td><td rowspan="2">导线通断性检查</td><td>传感器与发动机 ECM HT1A 端子连接导线阻值检查</td><td>测电阻</td><td>0 ~ 1 Ω</td><td></td><td></td></tr>
<tr><td>4</td><td>传感器与发动机 ECM OX1A 端子连接导线阻值检查</td><td>测电阻</td><td>0 ~ 1 Ω</td><td></td><td></td></tr>
<tr><td>5</td><td colspan="2">导线绝缘性检查</td><td>测电阻</td><td>∞</td><td></td><td></td></tr>
<tr><td>6</td><td colspan="2">传感器工作电压检查：断开传感器线束连接器，测量传感器 +B 端子与蓄电池负极之间的电压</td><td>测电压</td><td>12 V</td><td></td><td></td></tr>
<tr><td>7</td><td colspan="2">传感器信号电压检查：连接传感器线束连接器，测量传感器 OX1A 端子与蓄电池负极之间的电压</td><td>测电压</td><td>12 V</td><td></td><td></td></tr>
</table>

五、学习过程评价

学习过程评价见表 8-2-27。

表 8-2-27　　　　学习过程评价表

<table>
<tr><td>班级</td><td></td><td>姓名</td><td></td><td>学号</td><td></td><td>日期</td><td>年　月　日</td></tr>
<tr><th>序号</th><th colspan="4">评价要点</th><th>配分 / 分</th><th>得分</th><th>总评 / 分</th></tr>
<tr><td>1</td><td colspan="4">能正确识读和填写工作页，明确学习活动的要求</td><td>10</td><td></td><td rowspan="9">A □（86 ~ 100）
B □（76 ~ 85）
C □（60 ~ 75）
D □（60 以下）</td></tr>
<tr><td>2</td><td colspan="4">能描述电控系统常用传感器的作用、类型及组成</td><td>10</td><td></td></tr>
<tr><td>3</td><td colspan="4">能描述汽车故障诊断仪的组成，正确使用汽车故障诊断仪</td><td>10</td><td></td></tr>
<tr><td>4</td><td colspan="4">能正确判断传感器故障，明确传感器故障的检修内容和检修方法</td><td>10</td><td></td></tr>
<tr><td>5</td><td colspan="4">能规范地完成电控系统常用传感器的检查，并根据检查结果给出维修建议</td><td>30</td><td></td></tr>
<tr><td>6</td><td colspan="4">能遵守劳动纪律，以积极的态度接受工作任务</td><td>10</td><td></td></tr>
<tr><td>7</td><td colspan="4">能积极参与小组讨论，发挥团队合作精神</td><td>10</td><td></td></tr>
<tr><td>8</td><td colspan="4">能及时完成教师布置的任务</td><td>10</td><td></td></tr>
<tr><td colspan="5">总　分</td><td>100</td><td></td></tr>
<tr><td>小结建议</td><td colspan="7"></td></tr>
</table>

学习活动 3　执行器的检查与更换

学习目标

1. 能描述电控系统常用执行器的分类、作用及组成。

2. 能正确判断执行器故障，明确执行器故障的检修内容和检修方法。

3. 能规范地完成电控系统常用执行器的检查，并根据检查结果给出维修建议。

建议学时：6 学时。

学习过程

一、执行器的分类、作用及组成

执行器是汽车自动控制系统中必不可少的一个重要组成部分，其作用是接收控制器送来的控制信号，改变被控介质的大小，从而将被控变量维持在所要求的数值上或一定的范围内。执行器按其能源形式可分为气动执行器、液动执行器和电动执行器三大类。

查阅资料，根据表 8–3–1 中电控系统常用执行器的结构图，写出执行器各组成部分的作用。

表 8–3–1　　电控系统常用执行器的名称、结构及作用

序号	执行器名称	结构图	各组成部分的名称	作用
1	炭罐电磁阀		1. 阀体 2. 线圈 3. 密封圈 4. 连接端子 5. 铁芯 6. 阀芯	减少因燃油蒸发排放造成的空气污染并同时增加燃油效率。当发动机关闭时，车用活性炭罐开始吸收从油箱挥发出来的油蒸气，并将其牢牢锁定在炭罐内的活性炭微孔中，防止油蒸气散发到大气中

续表

序号	执行器名称	结构图	各组成部分的名称	作用
2	喷油器	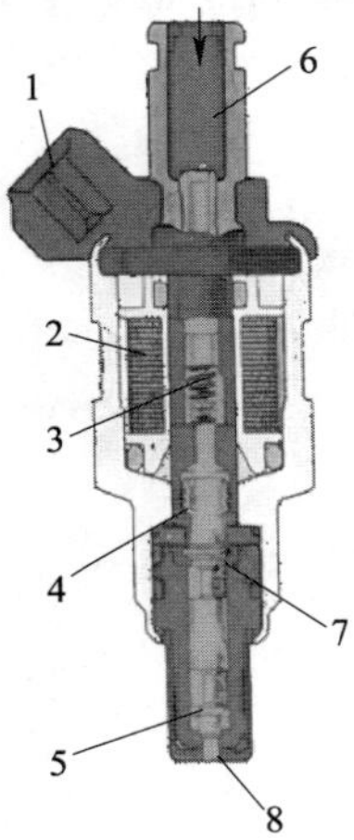 1 2 3 4 5 6 7 8	1. 连接器 2. 电磁线圈 3. 回位弹簧 4. 柱塞 5. 针阀 6. 进油滤网 7. 衔铁 8. 喷口	将定量的燃油由液态变成雾状，然后与空气混合
3	点火控制器	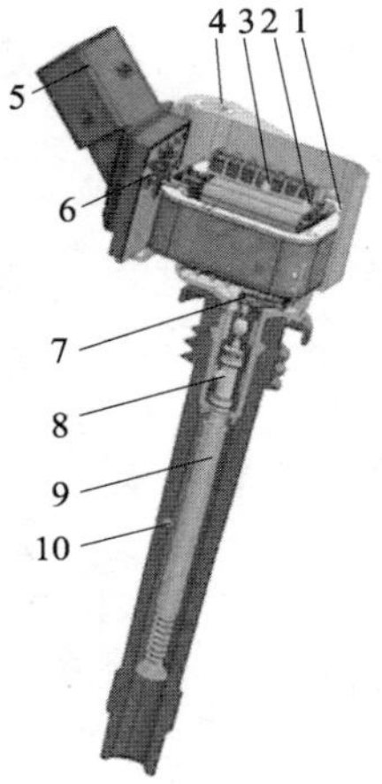 4 3 2 1 5 6 7 8 9 10	1. 铁芯 2. 永磁铁 3. 绕组骨架 4. 安装孔 5. 接插头 6. 电子元件 7. 高压二极管 8. 抗干扰电阻 9. 弹簧 10. 护套	根据每个气缸的点火时序分配点火高压，点火控制器的作用是将低压直流电变为高压电，电压可以达到数万伏，通过气缸内的火花塞击穿空气电离产生电火花
4	燃油泵	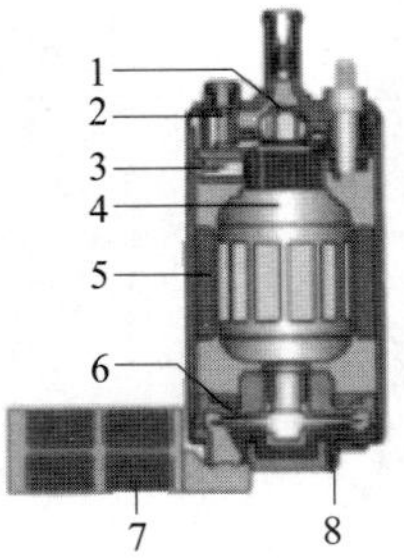 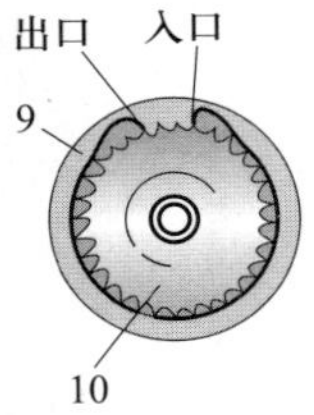 1 2 3 4 5 6 7 8 出口 入口 9 10	1. 单向出油阀 2. 泄压阀 3. 电刷 4. 电枢 5. 磁极 6. 叶轮 7. 滤网 8. 泵盖 9. 壳体 10. 叶片	把燃油从燃油箱中吸出、加压后输送到供油管中，和燃油压力调节器配合建立一定的燃油压力，保证向喷油嘴供应持续的燃油

二、制订检修方案

1．查阅资料，回答下列问题。

（1）如何判断执行器故障?

通过检查执行器外观，给执行器通电或测量执行器的阻值可判断执行器是否故障。

（2）检修各类执行器一般遵循什么原则?

一般先从外观检查，然后检查外部电压，再测量电阻。尽量避免使用通电测试，防止造成危险。

（3）执行器出现故障时，应主要从哪些方面对其进行检查?采用什么检修方法?

执行器出现故障时，应主要进行线路连接和执行器本体检查，主要采用外观检查法、电压测量法和电阻测量法等。

2．根据具体工作内容，明确小组成员分工，填写表 8–3–2。

表 8–3–2　　小组成员分工

姓名	分工

3．根据要求列出维修所需主要工具及材料清单，填写表 8–3–3。

表 8–3–3　　维修所需主要工具及材料清单

序号	工具及材料名称	单位	数量	备注

4．根据小组分工情况及客户要求，制订具体的维修工序，填写表 8–3–4。

表 8–3–4　维修工序安排

序号	维修工序内容	备注

三、检查与更换常用执行器

1．炭罐电磁阀

（1）根据表 8–3–5 进行炭罐电磁阀的拆卸。

表 8–3–5　拆卸炭罐电磁阀

序号	操作图示	作业要领	完成情况
1		拆下蓄电池负极接线	完　成□ 未完成□
2		断开炭罐电磁阀线束连接器	完　成□ 未完成□

续表

序号	操作图示	作业要领	完成情况
3		拔出炭罐电磁阀软管 1	完　成□ 未完成□
4		按下卡箍，拔出炭罐电磁阀软管 2	完　成□ 未完成□
5		拆下炭罐电磁阀固定螺栓	完　成□ 未完成□
6		取出炭罐电磁阀	完　成□ 未完成□

（2）根据炭罐电磁阀电路连接图（图 8–3–1），检查炭罐电磁阀的外观、阻值、工作电压、搭铁以及线束连接器的牢固性，点火继电器的阻值，导线的通断性、绝缘性等，并填写表 8–3–6。

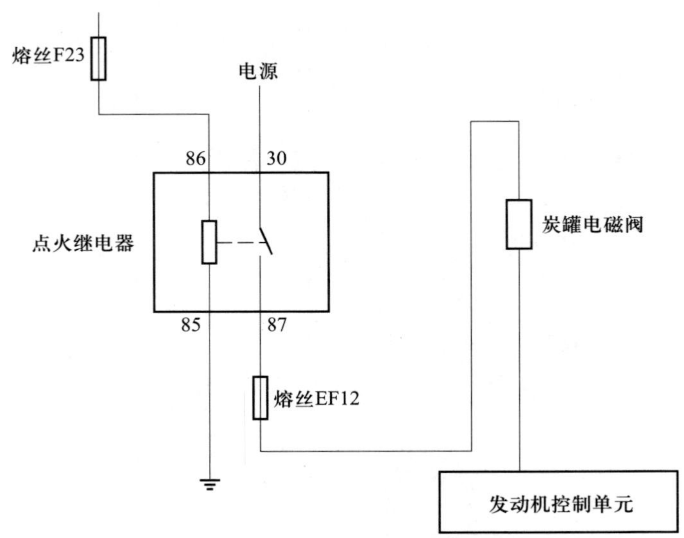

图 8–3–1　炭罐电磁阀电路连接图

表 8–3–6　检查炭罐电磁阀

序号	检查内容	检查方法	标准值	测量值	维修建议
1	炭罐电磁阀外观检查	查看	外观完好		
2	炭罐电磁阀线束连接器牢固性检查	查看	外观完好		
3	炭罐电磁阀线圈阻值检查	测电阻	约 32 Ω		
4	点火继电器 86 号端子与 85 号端子阻值检查	测电阻	继电器线圈阻值		
5	熔丝 EF12 阻值检查	测电阻	0 ~ 1 Ω		
6	导线通断性检查	测电阻	0 ~ 1 Ω		
7	导线绝缘性检查	测电阻	∞		
8	炭罐电磁阀工作电压及搭铁检查	测电压	12 V		

2．喷油器

（1）根据表 8–3–7 进行喷油器的拆卸。

表 8–3–7　拆卸喷油器

序号	操作图示	作业要领	完成情况
1	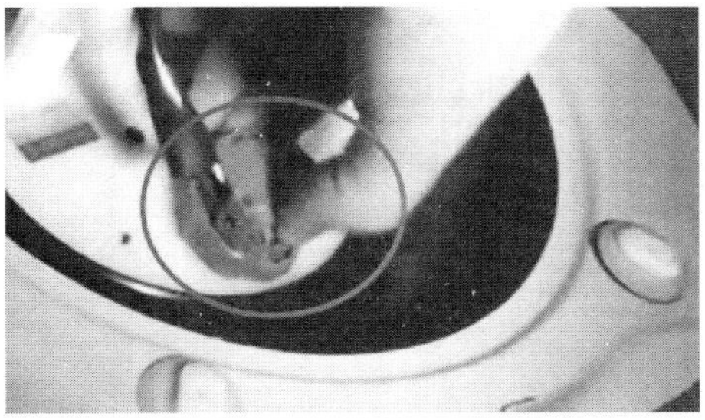	拔掉燃油泵插头	完　成□ 未完成□
2	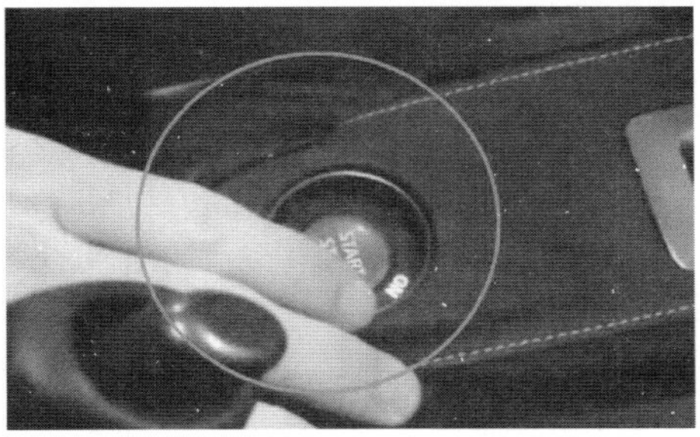	启动发动机多次进行泄压	完　成□ 未完成□
3	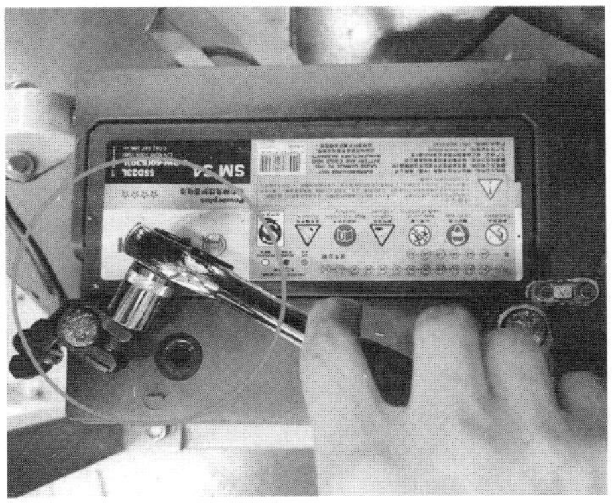	拆下蓄电池负极接线	完　成□ 未完成□
4	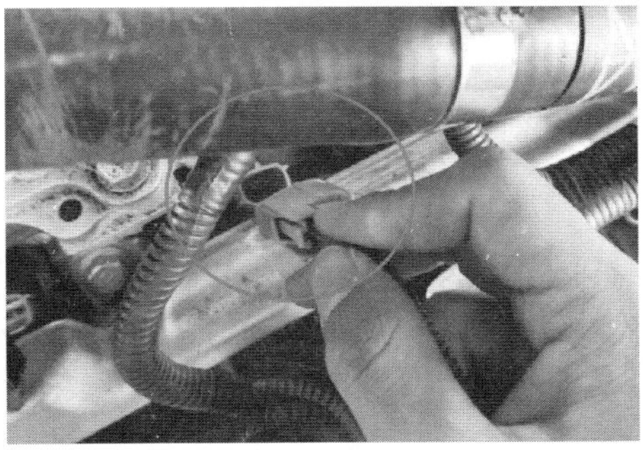	断开喷油器连接器	完　成□ 未完成□

续表

序号	操作图示	作业要领	完成情况
5		使用套筒及棘轮扳手拆卸燃油导轨固定螺栓 1	完　成□ 未完成□
6		使用套筒及棘轮扳手拆卸燃油导轨固定螺栓 2	完　成□ 未完成□
7		提起燃油导轨	完　成□ 未完成□
8		将燃油导轨与喷油器分离	完　成□ 未完成□

（2）根据喷油器电路连接图（图 8-3-2），检查喷油器的外观、阻值、工作电压、线束连接器的牢固性以及导线的通断性、绝缘性等，并填写表 8-3-8。

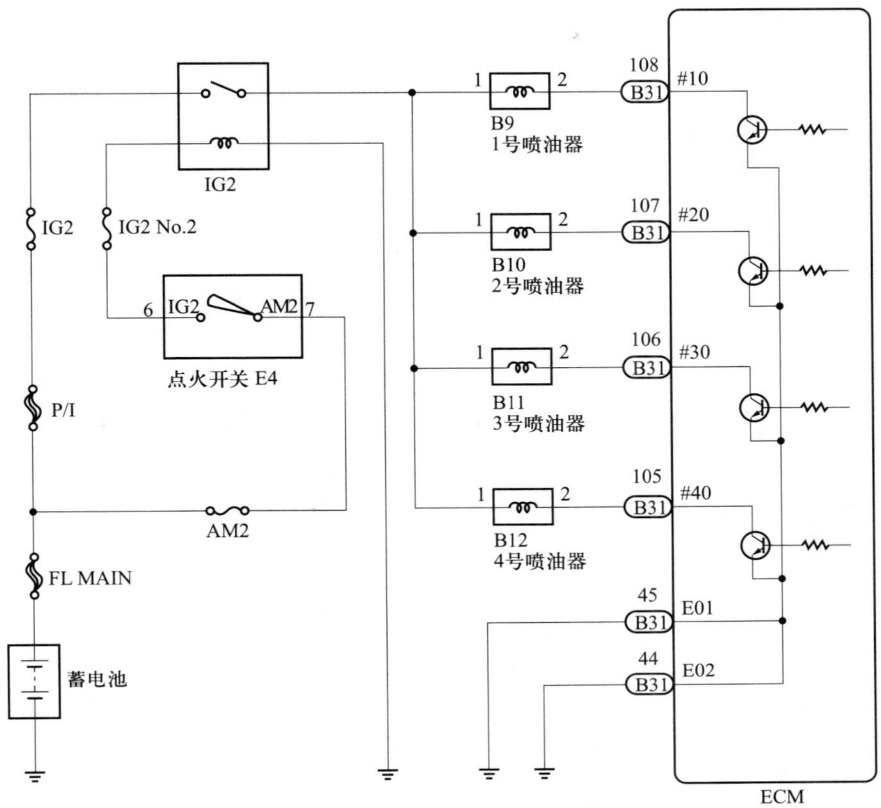

图 8-3-2　喷油器电路连接图

表 8-3-8　检查喷油器

序号	检查内容	检查方法	标准值	测量值	维修建议
1	喷油器外观检查	查看	外观完好		
2	喷油器线束连接器牢固性检查	查看	外观完好		
3	1 号喷油器阻值检查	测电阻	约 12 Ω		
4	2 号喷油器阻值检查	测电阻	约 12 Ω		
5	3 号喷油器阻值检查	测电阻	约 12 Ω		
6	4 号喷油器阻值检查	测电阻	约 12 Ω		
7	导线通断性检查	测电阻	0 ~ 1 Ω		
8	导线绝缘性检查	测电阻	∞		

续表

序号	检查内容	检查方法	标准值	测量值	维修建议
9	1 号喷油器工作电压检查：B9 1 号端子与蓄电池负极之间的电压	测电压	12 V		
10	2 号喷油器工作电压检查：B10 1 号端子与蓄电池负极之间的电压	测电压	12 V		
11	3 号喷油器工作电压检查：B11 1 号端子与蓄电池负极之间的电压	测电压	12 V		
12	4 号喷油器工作电压检查：B12 1 号端子与蓄电池负极之间的电压	测电压	12 V		
13	使用发光二极管检测 1、2、3、4 号喷油器 ECM 控制负极	发光判断	闪烁规律		

3．点火控制器

（1）根据表 8-3-9 进行点火控制器的拆卸。

表 8-3-9 拆卸点火控制器

序号	操作图示	作业要领	完成情况
1	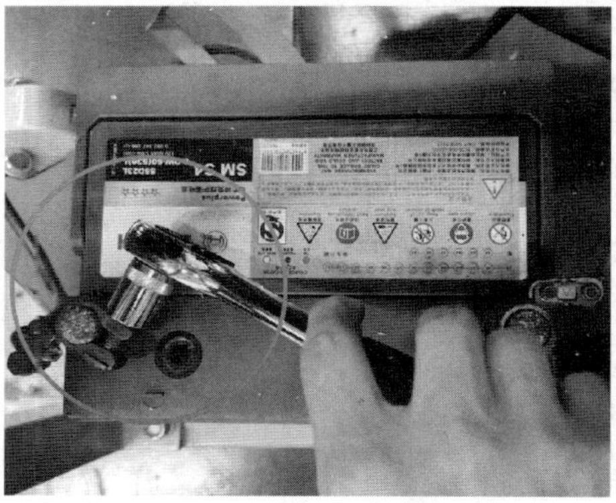	拆下蓄电池负极接线	完　成□ 未完成□
2	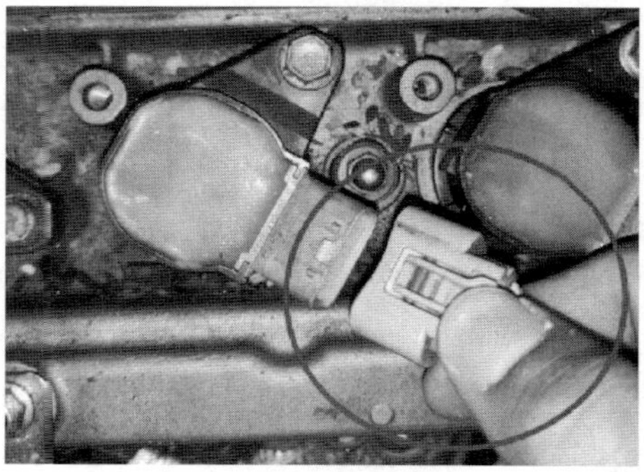	断开点火控制器连接器	完　成□ 未完成□

续表

序号	操作图示	作业要领	完成情况
3		拆下点火控制器固定螺栓	完　成□ 未完成□
4		将点火控制器从气缸中取出	完　成□ 未完成□
5		放置好点火控制器	完　成□ 未完成□

（2）根据点火控制器电路连接图（图 8-3-3），检查点火控制器的外观、工作电压、信号电压、搭铁、线束连接器的牢固性以及导线的通断性、绝缘性等，并填写表 8-3-10。

这里以检查 1 号点火控制器为例，其余点火控制器的检查方法与之类似。

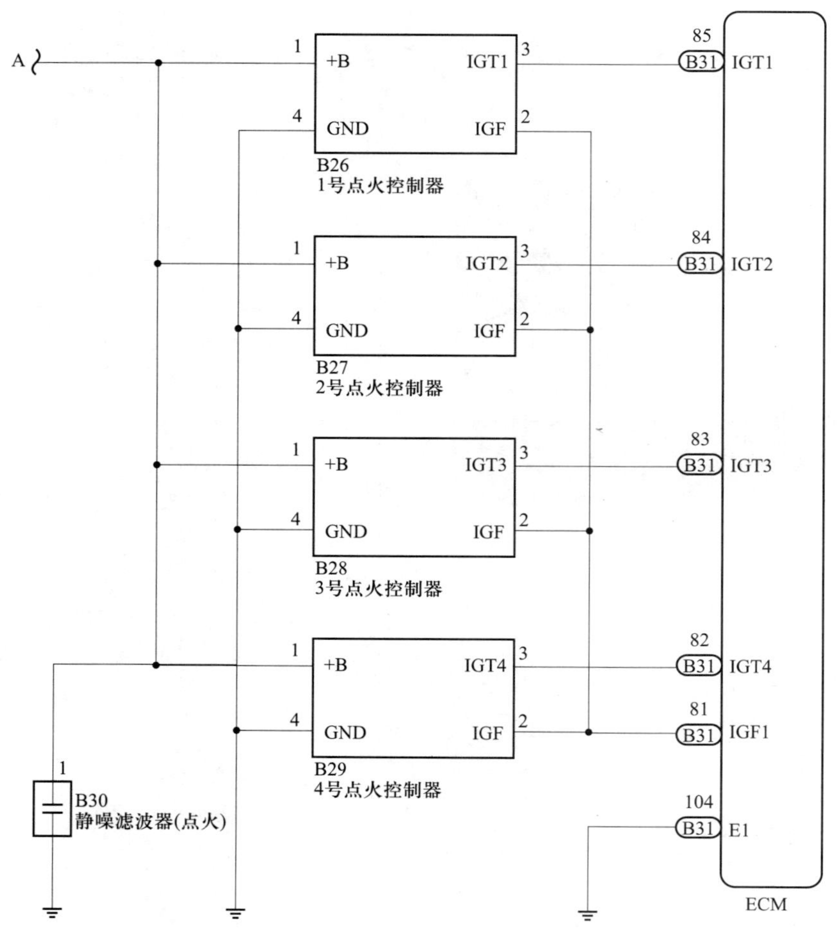

图 8-3-3 点火控制器电路连接图

表 8-3-10 检查点火控制器

序号	检查内容		检查方法	标准值	测量值	维修建议
1	点火控制器外观检查		查看	外观完好		
2	点火控制器线束连接器牢固性检查		查看	外观完好		
3	导线通断性检查		测电阻	0 ~ 1 Ω		
4	导线绝缘性检查		测电阻	∞		
5	点火控制器工作电压检查：B26 1 号端子与蓄电池负极之间的电压		测电压	12 V		
6	点火控制器信号电压检查	启动发动机，测量 B26 3 号端子与蓄电池负极之间的电压	测电压	0 ~ 5 V		
7		启动发动机，测量 B26 2 号端子与蓄电池负极之间的电压（反馈信号电压）	测电压	5 V		
8	点火空制器搭铁检查：测量 B26 4 号端子与蓄电池负极之间的阻值		测电阻	0 ~ 1 Ω		

4．燃油泵

（1）根据表 8-3-11 进行燃油泵的拆卸。

表 8-3-11　　拆卸燃油泵

序号	操作图示	作业要领	完成情况
1	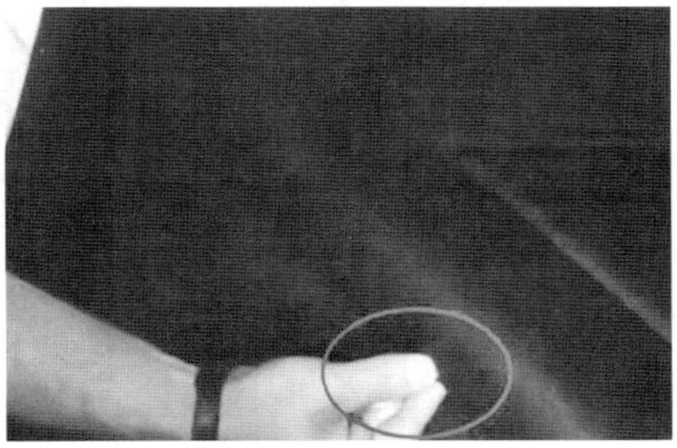	按下后排座椅卡扣，拆下后排座椅	完　成□ 未完成□
2		拆下燃油泵防护盖	完　成□ 未完成□
3	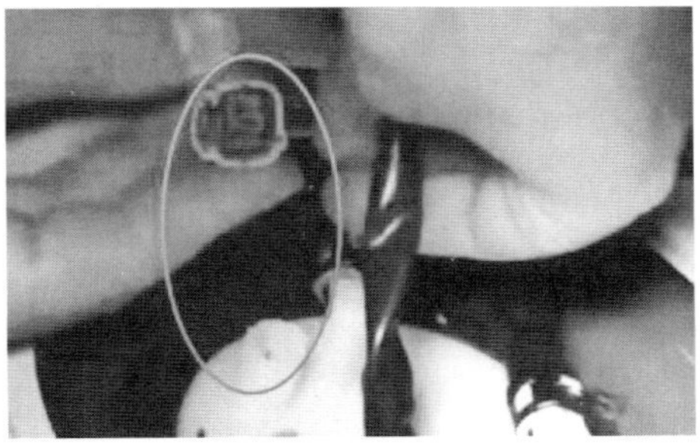	拔出燃油泵插头 1	完　成□ 未完成□
4	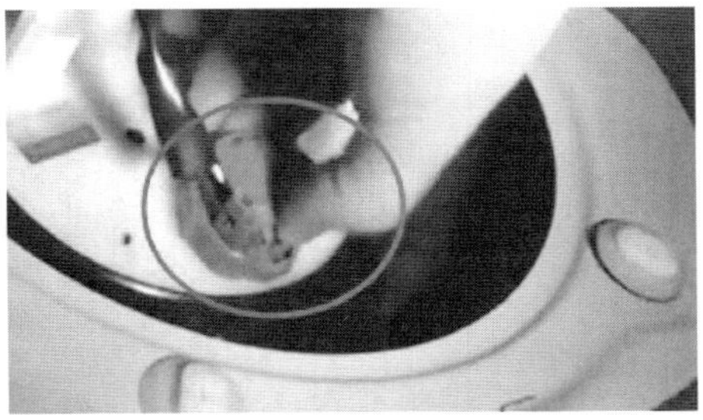	拔出燃油泵插头 2	完　成□ 未完成□

续表

序号	操作图示	作业要领	完成情况
5	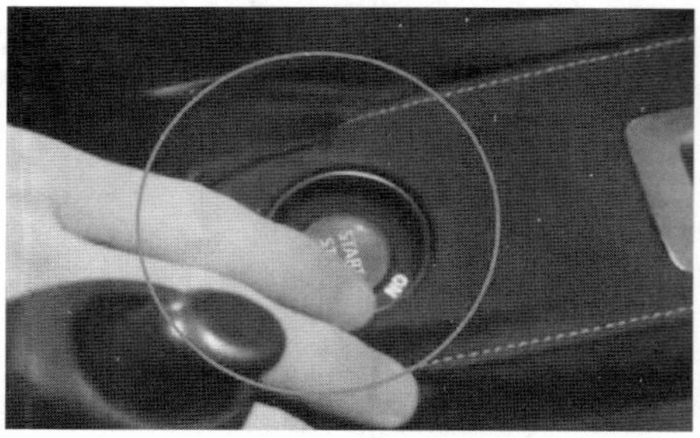	启动发动机多次进行泄压	完　成□ 未完成□
6	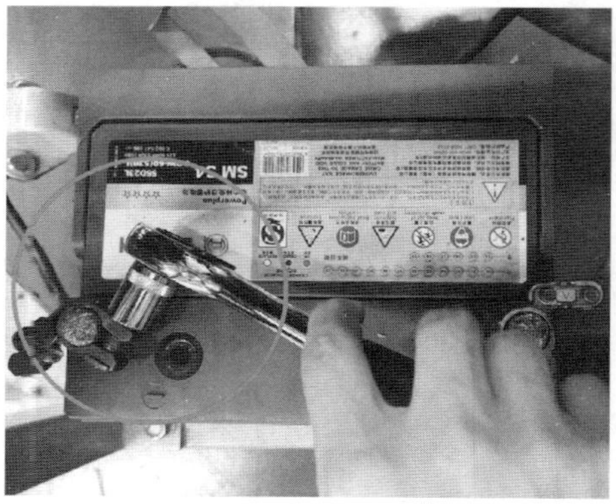	拆下蓄电池负极接线	完　成□ 未完成□
7	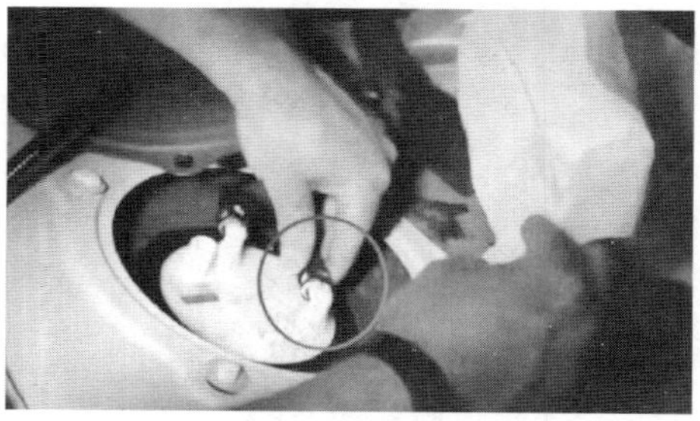	拔下燃油管	完　成□ 未完成□
8	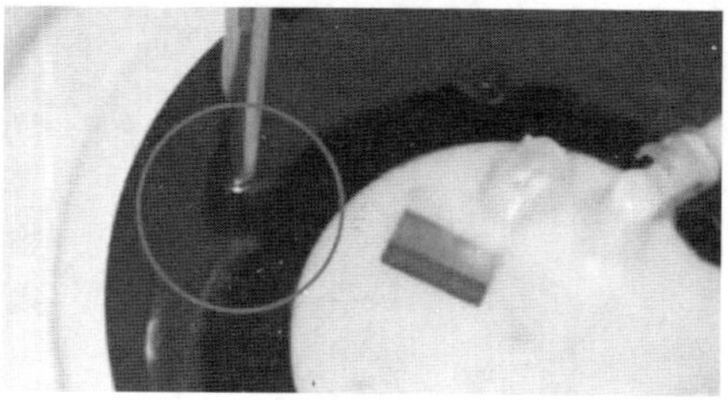	拆下燃油泵固定螺栓	完　成□ 未完成□

续表

序号	操作图示	作业要领	完成情况
9	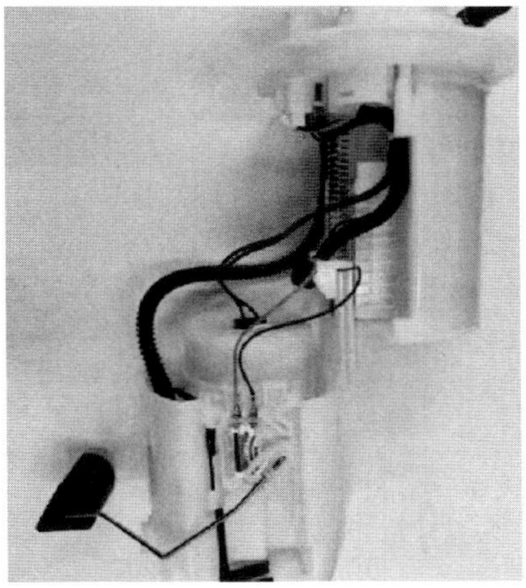	取出燃油泵	完　成□ 未完成□

(2)根据燃油泵电路连接图(图 8-3-4),检查燃油泵的外观、阻值、工作电压、线束连接器的牢固性、各继电器的阻值以及导线的通断性、绝缘性等,并填写表 8-3-12。

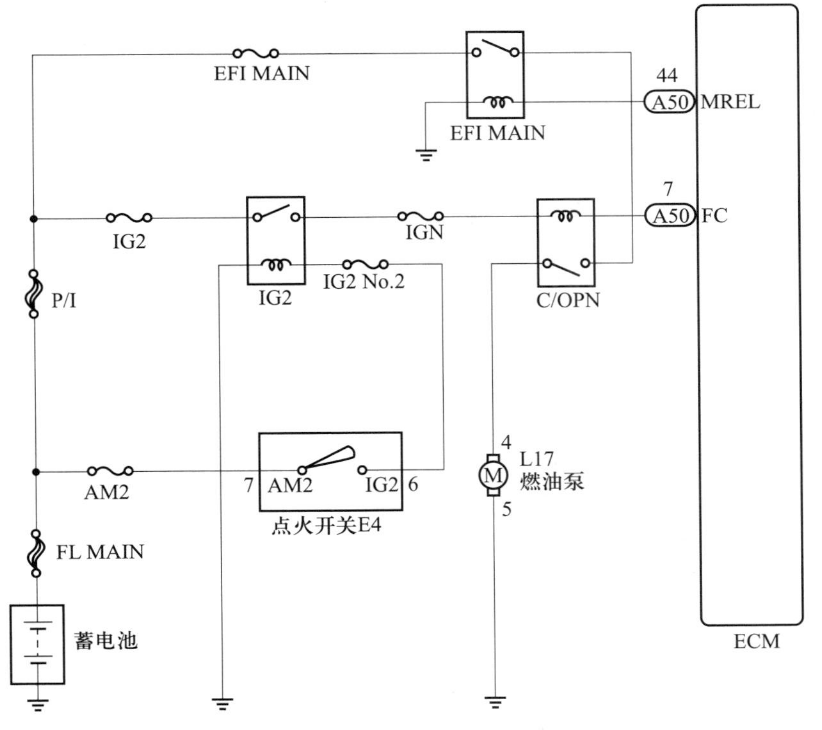

图 8-3-4　燃油泵电路连接图

表 8-3-12 检查燃油泵

序号	检查内容	检查方法	标准值	测量值	维修建议
1	燃油泵外观检查	查看	外观完好		
2	燃油泵线束连接器牢固性检查	查看	外观完好		
3	L17 4 与 5 号端子阻值检查	测电阻	约 1 Ω		
4	导线通断性检查	测电阻	0 ~ 1 Ω		
5	导线绝缘性检查	测电阻	∞		
6	燃油泵工作电压检查：L17 4 号端子与蓄电池负极之间的电压	测电压	12 V		
7	IG2 继电器线圈阻值检查	测电阻	85 ~ 90 Ω		
8	IG2 继电器开关阻值检查（通电）	测电阻	0 ~ 1 Ω		
9	C/OPN 继电器线圈阻值检查	测电阻	85 ~ 90 Ω		
10	C/OPN 继电器开关阻值检查（通电）	测电阻	0 ~ 1 Ω		
11	EFI MAIN 继电器线圈阻值检查	测电阻	85 ~ 90 Ω		
12	EFI MAIN 继电器开关阻值检查（通电）	测电阻	0 ~ 1 Ω		

四、学习过程评价

学习过程评价见表 8-3-13。

表 8-3-13 学习过程评价表

班级		姓名		学号		日期	年 月 日
序号	评价要点				配分 / 分	得分	总评 / 分
1	能正确识读和填写工作页，明确学习活动的要求				10		A □（86 ~ 100） B □（76 ~ 85） C □（60 ~ 75） D □（60 以下）
2	能描述电控系统常用执行器的分类、作用及组成				20		
3	能正确判断执行器故障，明确执行器故障的检修内容和检修方法				10		
4	能规范地完成执行器的检查，并根据检查结果，给出维修建议				30		
5	能遵守劳动纪律，以积极的态度接受工作任务				10		
6	能积极参与小组讨论，发挥团队合作精神				10		
7	能及时完成教师布置的任务				10		
总 分					100		
小结建议							

学习活动 4　电控单元的检查与更换

学习目标

1. 能描述电控单元的结构和工作过程。

2. 能正确判断电控单元故障，明确电控单元故障的检修内容和检修方法。

3. 能规范地完成电控单元的检查，并根据检查结果给出维修建议。

建议学时：4 学时。

学习过程

一、电控单元的结构和工作过程

电控单元是汽车发动机电控系统的核心，它可以根据发动机的不同工况，向发动机提供最佳空燃比的混合气和最佳点火时间，使发动机始终处在最佳工作状态（发动机的动力性、经济性、排放性达到最佳）。

图 8-4-1 所示为电控单元的外观和内部结构。

a)

b)

图 8-4-1　电控单元的外观和内部结构

a）外观　b）内部结构

电控单元与计算机类似，都是由处理器（CPU）、输入 / 输出（I/O）接口、模数（A/D）转换器、存储单元（ROM+RAM）等组成的，其组成框图如图 8-4-2 所示。

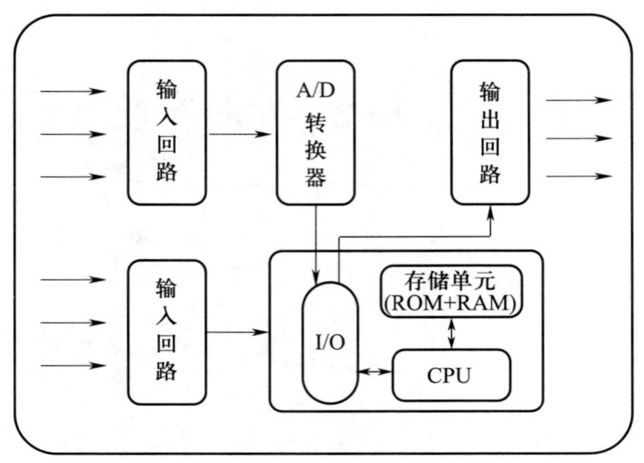

图 8-4-2　电控单元的组成框图

1．写出电控单元各组成部分的作用。

（1）输入回路

从传感器来的信号，首先进入输入回路。在输入回路中对输入信号进行预处理，一般是去除杂波和把正弦波变为矩形波后，再转换成电压信号。

（2）A/D 转换器

从传感器送出的信号有相当一部分是模拟信号，经输入回路处理后，虽已变成相应的电压信号，但这些信号 CPU 还不能直接处理，需经过相应的 A/D 转换器，将其模拟信号转换成数字信号后再输入 CPU。

（3）I/O 接口

输入 / 输出（I/O）接口是 CPU 与输入装置（传感器）、输出装置（执行器）之间进行信息交流的控制电路，根据 CPU 的命令，输入信号以所需要的频率通过 I/O 接口接收，输出信号则按发出控制信号的形式和要求，通过 I/O 接口以最佳的速度送出。输入、输出装置一般都通过 I/O 接口与 CPU 连接，它起着数据缓冲、电压信号匹配、时序匹配等多种作用。

（4）ROM

它是只能读出的存储器，用来存储固定数据，即存放各种永久性的程序和数据，如喷油特性脉谱、点火控制特性脉谱等。这些资料一般都是制造时厂家一次性存入的，新的数据不能存入，电源切断时 ROM 信息不会消失。

（5）RAM

RAM 主要用来存储计算机操作时的可变数据，如用来存储计算机的输入、输出数据和计算过程产生的中间数据等。当切断电源时，存入 RAM 的数据完全消失，所以一般 RAM 都通过专用电源后备电路与蓄电池直接连接。但拔掉蓄电池缆线时，数据仍会消失。

（6）CPU

CPU 的工作是在时钟脉冲发生器操作下进行的，当微机通电后时钟脉冲发生器立即产生一连串的具有一定频率和脉宽的电压脉冲，使微机全部工作同步，保证同一时间内完成一定的操作，实现控制系统各部分协调工作。

（7）输出回路

它是微机与执行器之间建立联系的一部分装置，它将微机发出的指令转变成控制信号来驱动执行器工作。输出回路一般起着控制信号的生成和放大等作用。

2．分析电控单元的工作过程。

从传感器来的信号经输入回路，对其信号进行处理。若是数字信号，则该信号经 I/O 接口直接进入 CPU。若是模拟信号，则该信号还要经 A/D 转换器转换成数字信号后，才能经 I/O 接口进入 CPU。大多数信息暂存在 RAM 内，根据指令再从 RAM 送至 CPU。然后将存储器 ROM 中的参考数据送入 CPU，与传感器送入的信息进行比较，CPU 对这些数据进行比较运算后，发出输出指令信号，经 I/O 接口进行放大，必要的信号还要经 D/A 转换器变成模拟信号，再经输出回路控制执行器动作。

二、制订检修方案

1．查阅资料，回答下列问题。

（1）如何判断电控单元故障?

可使用数字万用表检测 ECU 的电源电路是否正常；检测 ECU 端子电压和端子间电阻，与标准值比较，判断其是否符合标准。

（2）电控单元出现故障时，应主要从哪些方面对其进行检查？采用什么检修方法?

电控单元出现故障时，应主要检查电控单元外观，其针脚有无损坏和烧毁痕迹；检查电源电路和端子电压、电阻等是否符合标准，主要采用外观检查法、电压测量法和电阻测量法等。

2．根据具体工作内容，明确小组成员分工，填写表 8–4–1。

表 8–4–1　小组成员分工

姓名	分工

3．根据要求列出维修所需主要工具及材料清单，填写表 8–4–2。

表 8–4–2　维修所需主要工具及材料清单

序号	工具及材料名称	单位	数量	备注

4．根据小组分工情况及客户要求，制订具体的维修工序，填写表 8–4–3。

表 8–4–3　维修工序安排

序号	维修工序内容	备注

三、检查与更换电控单元

1．根据表 8-4-4 进行电控单元的拆卸。

表 8-4-4　　拆卸电控单元

序号	操作图示	作业要领	完成情况
1	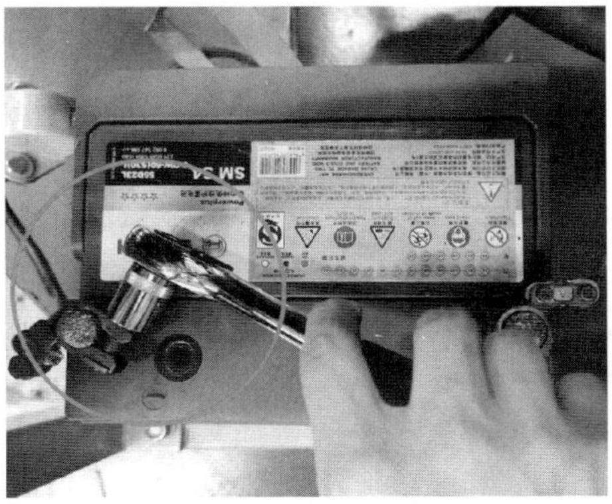	拆下蓄电池负极接线	完　成□ 未完成□
2		拔出电控单元插头 1	完　成□ 未完成□
3		拔出电控单元插头 2	完　成□ 未完成□

续表

序号	操作图示	作业要领	完成情况
4	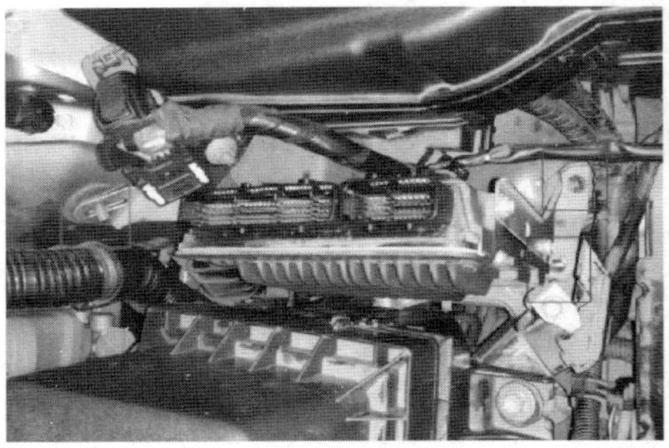	找到与电控单元相关的螺栓	完　成□ 未完成□
5		拆下电控单元螺栓 1	完　成□ 未完成□
6		拆下电控单元螺栓 2	完　成□ 未完成□
7		拆下电控单元螺栓 3	完　成□ 未完成□

续表

序号	操作图示	作业要领	完成情况
8		取出电控单元	完　成□ 未完成□

2．根据电控单元电路连接图（图 8-4-3），检查电控单元的外观、工作电压、线束连接器的牢固性以及导线的通断性、绝缘性等，并填写表 8-4-5。

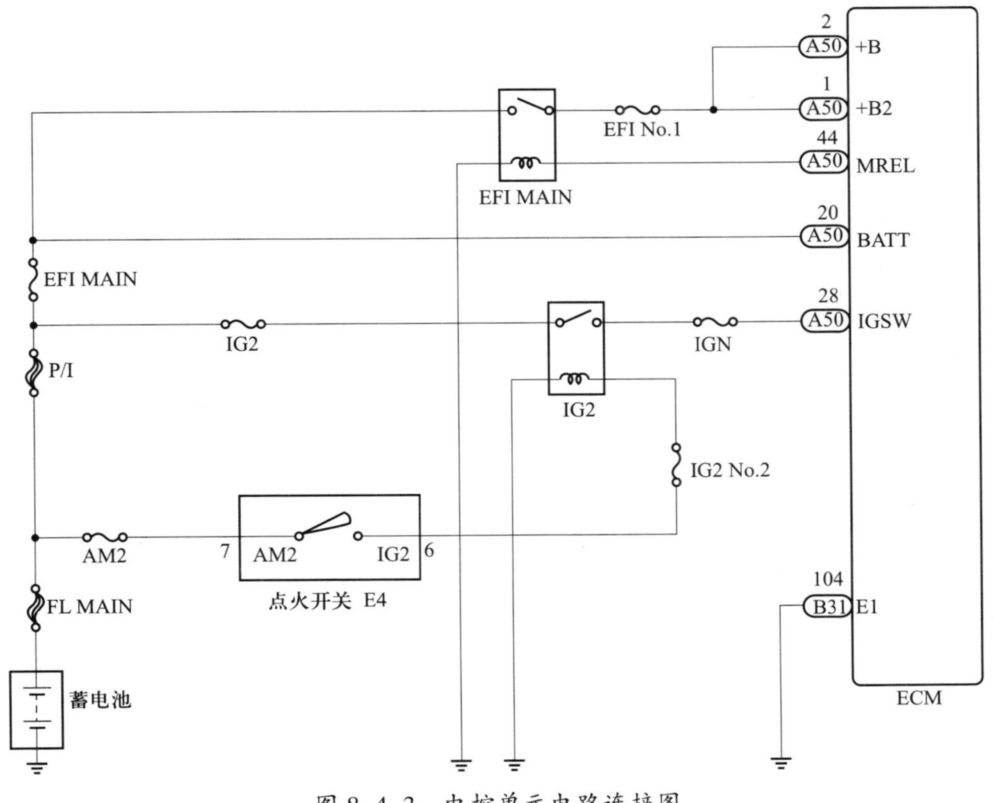

图 8-4-3　电控单元电路连接图

表 8-4-5　　检查电控单元

<table>
<tr><th>序号</th><th colspan="2">检查内容</th><th>检查方法</th><th>标准值</th><th>测量值</th><th>维修建议</th></tr>
<tr><td>1</td><td colspan="2">电控单元外观检查</td><td>查看</td><td>外观完好</td><td></td><td></td></tr>
<tr><td>2</td><td colspan="2">电控单元线束连接器牢固性检查</td><td>查看</td><td>外观完好</td><td></td><td></td></tr>
<tr><td>3</td><td colspan="2">导线通断性检查</td><td>测电阻</td><td>小于 1 Ω</td><td></td><td></td></tr>
<tr><td>4</td><td colspan="2">导线绝缘性检查</td><td>测电阻</td><td>∞</td><td></td><td></td></tr>
<tr><td>5</td><td rowspan="5">电控单元工作电压检查</td><td>测量 A50 2 号端子与蓄电池负极之间的电压</td><td>测电压</td><td>12 V</td><td></td><td></td></tr>
<tr><td>6</td><td>测量 A50 1 号端子与蓄电池负极之间的电压</td><td>测电压</td><td>12 V</td><td></td><td></td></tr>
<tr><td>7</td><td>测量 A50 44 号端子与蓄电池负极之间的电压</td><td>测电压</td><td>12 V</td><td></td><td></td></tr>
<tr><td>8</td><td>测量 A50 20 号端子与蓄电池负极之间的电压</td><td>测电压</td><td>12 V</td><td></td><td></td></tr>
<tr><td>9</td><td>测量 A50 28 号端子与蓄电池负极之间的电压</td><td>测电压</td><td>12 V</td><td></td><td></td></tr>
</table>

四、学习过程评价

学习过程评价见表 8-4-6。

表 8-4-6　　学习过程评价表

<table>
<tr><td>班级</td><td></td><td>姓名</td><td></td><td>学号</td><td></td><td>日期</td><td>年　月　日</td></tr>
<tr><th>序号</th><th colspan="4">评价要点</th><th>配分 / 分</th><th>得分</th><th>总评 / 分</th></tr>
<tr><td>1</td><td colspan="4">能正确识读和填写工作页，明确学习活动的要求</td><td>10</td><td></td><td rowspan="8">A □（86 ~ 100）
B □（76 ~ 85）
C □（60 ~ 75）
D □（60 以下）</td></tr>
<tr><td>2</td><td colspan="4">能描述电控单元的结构和工作过程</td><td>20</td><td></td></tr>
<tr><td>3</td><td colspan="4">能正确判断电控单元故障，明确电控单元故障的检修内容和检修方法</td><td>10</td><td></td></tr>
<tr><td>4</td><td colspan="4">能规范地完成电控单元的检查，并根据检查结果，给出维修建议</td><td>30</td><td></td></tr>
<tr><td>5</td><td colspan="4">能遵守劳动纪律，以积极的态度接受工作任务</td><td>10</td><td></td></tr>
<tr><td>6</td><td colspan="4">能积极参与小组讨论，发挥团队合作精神</td><td>10</td><td></td></tr>
<tr><td>7</td><td colspan="4">能及时完成教师布置的任务</td><td>10</td><td></td></tr>
<tr><td colspan="5">总　分</td><td>100</td><td></td></tr>
<tr><td>小结建议</td><td colspan="7"></td></tr>
</table>

学习活动 5　工作总结与评价

学习目标

1. 能以小组形式对学习过程和成果进行汇报总结。
2. 能完成对学习过程的综合评价。

建议学时：2 学时。

学习过程

一、工作总结

在世界技能大赛中，要求选手具有一定的组织规划、沟通、创新等能力，这在实际的生产工作中是十分必要的。以小组为单位，选择演示文稿、展板、海报、视频等形式中的一种或几种，向全班展示、汇报学习成果。

二、综合评价

针对本任务的学习情况，根据表 8–5–1 所列综合评价标准进行评分。

表 8–5–1　综合评价标准

评价项目	评价内容及标准	配分 / 分	评分		
			自我评价	小组评价	教师评价
组织和管理	团队合作，合理计划，高效管理时间	3			
	及时检查工作进展和效果	3			
	保证高质量完成工作	4			
沟通能力	深度咨询客户，完全理解其要求	10			
	提供明确说明，准确回答客户疑问	10			
计划创新能力	及时处理工作中遇到的问题	10			
	提出创新性、可行性建议，提高客户满意度	10			

续表

评价项目	评价内容及标准	配分 / 分	评分		
			自我评价	小组评价	教师评价
专业知识	具备汽车电控系统各零部件的组成、作用、分类、原理等理论知识	10			
	具备汽车发动机故障警告灯亮故障检修知识	10			
实践能力	具备电控系统常用传感器的检查与更换技能	10			
	具备电控系统常用执行器的检查与更换技能	10			
	具备电控系统电控单元的检查与更换技能	10			
学生姓名		综合评价得分			
指导教师		日期			

三、学习任务八整体评价

学习任务八整体评价见表 8-5-2。

表 8-5-2　学习任务八整体评价表

项目	自我评价			小组评价			教师评价		
	10 ~ 9 分	8 ~ 6 分	5 ~ 1 分	10 ~ 9 分	8 ~ 6 分	5 ~ 1 分	10 ~ 9 分	8 ~ 6 分	5 ~ 1 分
	占总评 10%			占总评 30%			占总评 60%		
学习活动 1									
学习活动 2									
学习活动 3									
学习活动 4									
学习活动 5									
协作精神									
纪律观念									
表达与分析能力									
工作态度									
任务总体表现									
小计 / 分									
总评 / 分									

世赛知识

重型车辆维修

重型车辆维修是对工程机械、农业机械、矿山机械、林业机械、重型卡车和工业设备进行维修、保养的竞赛项目。比赛中对选手的技能要求主要包括：具备组织和执行有关保养和维护决定，液压系统及整车电气、传动、转向、制动系统故障诊断和排除，应用最合适的方法完成任务的能力；按照要求进行相应的精密测量、故障检查、相关组件和系统的保养维修工作；正确使用相关工具，在保养、维修过程中以书面形式清晰、准确地记录每项任务的技术资料。

附　　录

附表1　汽车发动机动力不足故障检修学习任务设计方案

专业名称	汽车维修	一体化课程名称	汽车发动机简单故障检修
学习任务	汽车发动机动力不足故障检修	授课时	20 学时
工作情境描述	一车辆在行驶过程中，出现发动机动力不足的现象，车主将该车辆送入维修站维修，经维修技师检查，初步判断为配气机构故障。汽车维修人员需要根据维修手册的相关要求，在规定时间内（参照维修资料）完成配气机构的检查与零部件的更换，完成后交付验收		
学习情境描述	在学习活动1中，学生在教师的引导下，学习汽车发动机配气机构的作用、分类、组成及工作原理，在实际车辆或发动机台架上认识汽车发动机配气机构各组成零部件的名称、作用和安装位置，掌握汽车发动机配气机构常见故障，为后续学习活动打下良好的理论基础 在学习活动2中，学生在教师的引导下，学习汽车发动机配气正时的定义、正时机构的分类、各种分类的优缺点以及配气相位的定义和配气相位图的绘制方法，正确判断正时机构故障，按照维修标准流程完成汽车发动机正时传动带、正时链条的检查与更换 在学习活动3中，学生在教师的引导下，学习汽车发动机凸轮轴的作用和结构，正确判断凸轮轴故障，按照维修标准流程完成汽车发动机凸轮轴的检查与更换 在学习活动4中，学生在教师的引导下，学习汽车发动机气缸盖的作用、结构及分类，正确判断气缸盖故障，按照维修标准流程完成汽车发动机气缸盖的检查与更换 在学习活动5中，学生在教师的引导下，学习汽车发动机气门组的作用和气门的工作条件，正确判断气门组故障，按照维修标准流程完成汽车发动机气门组的检查与更换 在学习活动6中，学生在教师的引导下，学习汽车发动机气缸压缩压力的定义和气缸压力表、气缸漏气率检测仪的组成及使用方法，分析造成气缸漏气的原因，按照维修标准流程完成汽车发动机气缸压力及气缸漏气率的检测 在学习活动7中，学生在教师的引导下，学习汽车发动机气门间隙的定义和作用，分析气门间隙对发动机工作的影响，按照维修标准流程完成汽车发动机气门间隙的检测与调整 在学习活动8中，学生总结本次工作经验，并对学习活动成果进行正确评价 在学习过程中，学生能按教师的要求严格执行每个工作步骤，证明学生已掌握汽车发动机动力不足故障检修的工作步骤、工作思路和工作方法		

续表

与其他任务的关系	该学习任务是汽车发动机简单故障检修一体化课程的第五个任务，进行此学习任务，为解决该课程综合性、复杂性问题打下基础
学生基础	具有车辆维修手册和维修资料的基本阅读能力；具有一定的安全文明生产意识、团队沟通合作意识、环保管理习惯、6S 管理习惯等
学习目标	1．能描述配气机构的作用、分类、组成及工作原理，明确汽车发动机动力不足故障的检修内容、检修流程及检修方法 2．能描述配气正时和配气相位的定义、正时机构的分类及各种分类的优缺点，正确理解配气相位中转角的含义，并能绘制配气相位图 3．能正确判断正时机构故障，并能进行正时机构的检查与更换 4．能描述凸轮轴的作用和结构，正确判断凸轮轴故障，并能进行凸轮轴的检查与更换 5．能描述气缸盖的作用、结构及分类，正确判断气缸盖故障，并能进行气缸盖的检查与更换 6．能描述气门组的作用和气门的工作条件，正确判断气门组故障，并能进行气门组的检查与更换 7．能描述气缸压缩压力的定义，分析造成气缸漏气的原因，正确使用气缸压力表和气缸漏气率检测仪进行气缸压力及漏气率检测 8．能描述气门间隙的定义、作用及其对发动机工作的影响，并能进行气门间隙的检测与调整 9．能对维修场地的相关设备进行日常维护与保养，按 6S 管理规定清理现场 10．能对相关资料、互联网资源进行检索，完成维修工单、工作页的填写 11．能展示工作成果，进行任务评价，总结工作经验，优化检修方案 12．能在作业过程中严格执行企业操作规范、安全生产制度、环保管理制度，严格遵守从业人员的职业道德，具有吃苦耐劳、爱岗敬业的工作态度和职业责任感
学习内容	1．汽车发动机配气机构的认知 2．汽车发动机正时机构的检查与更换 3．汽车发动机凸轮轴的检查与更换 4．汽车发动机气缸盖的检查与更换 5．汽车发动机气门组的检查与更换 6．汽车发动机气缸密封性的检测 7．汽车发动机气门间隙的检测与调整

续表

教学条件	1. 教学场地：教室、多媒体教室、实训车间 2. 设备：车辆、汽车发动机实训台架、多媒体设备等 3. 工具：通用工具、汽车发动机维修专用工具 4. 防护用品：防护眼镜、抹布、工作服、工作帽 5. 资料：工作页、维修手册、评价表、安全操作规程等 6. 材料：修理包、汽车专用清洗剂、零件、配件等
教学组织形式	1. 根据学习任务活动内容和班级人数，进行小组分工，并确定负责人 2. 根据学习任务活动环节，积极引导学生分析学习任务，明确学习重点和难点 3. 对学习活动中的重点和难点，教师进行分析、操作演示和现场指导，帮助学生掌握 4. 以情景模拟的形式，教师安排学生扮演角色，从资料室领取相关维修手册、工量具等 5. 能根据检修要求，小组合作完成汽车发动机配气机构主要零部件的检修 6. 以情景模拟的形式，教师安排学生扮演角色，严格按照 6S 管理要求，清扫、整理、维护和保养实训车辆、实训台架等设备 7. 教师组织学生以小组或个人形式进行分析和总结，汇报学习成果
教学流程与活动	1. 配气机构的认知（2 学时） 2. 正时机构的检查与更换（2 学时） 3. 凸轮轴的检查与更换（4 学时） 4. 气缸盖的检查与更换（2 学时） 5. 气门组的检查与更换（2 学时） 6. 气缸密封性的检测（4 学时） 7. 气缸间隙的检测与调整（2 学时） 8. 工作总结与评价（2 学时）
评价内容与标准	1. 能完成汽车发动机动力不足故障检修工作页中的问题 2. 能按维修标准完成汽车发动机配气机构各零部件的拆装工作 3. 能在规定时间内，使用维修设备、工量具，按照制订的维修方案，排除汽车发动机动力不足故障 4. 能自觉遵守实训车间安全操作规定、安全生产制度、环保管理制度、6S 管理规定等规章制度 5. 能正确进行实训车辆、实训台架的保养和维护 6. 能服从安排，具备从业人员的责任感、团队沟通合作等职业素养

附表 2 汽车发动机动力不足故障检修教学活动策划表

教学活动	学生学习活动	教师活动	学习内容	资源	评价点	学时	地点
学习活动 1：配气机构的认知	1. 以情景模拟的形式，导入本次活动的学习目标 2. 学习汽车发动机配气机构的作用、分类及组成 3. 学习汽车发动机配气机构的工作原理 4. 学习汽车发动机配气机构各零部件的作用及安装位置 5. 学习汽车发动机配气机构的故障分析方法 6. 自评、小组互评	1. 工作页准备和发放 2. 讲解工作页要求 3. 布置工作页相关信息，收集任务资料 4. 指导学生完成工作页 5. 检查学生任务完成情况和成果 6. 对学生学习过程进行评价	1. 汽车发动机配气机构的作用、分类及组成 2. 汽车发动机配气机构的工作原理 3. 认知实训车辆或实训台的配气机构 4. 汽车发动机动力不足故障分析	1. 工作页 2. 维修手册 3. 知识点视频 4. 互联网 5. 世界技能大赛汽车技术项目标准	1. 工作页 2. 阅读与查询能力 3. 专业术语 4. 表达方法 5. 小组活动	2	一体化教室
学习活动 2：正时机构的检查与更换	1. 以情景模拟的形式，导入本次活动的学习目标 2. 学习汽车发动机配气正时的定义、正时机构的分类及各种分类的优缺点 3. 学习汽车发动机配气相位的定义、转角含义，并绘制配气相位图 4. 学习汽车发动机正时机构故障的检修方法 5. 完成汽车发动机正时传动带的检查与更换 6. 完成汽车发动机正时链条的检查与更换 7. 自评、小组互评	1. 工作页准备和发放 2. 讲解工作页要求 3. 布置工作页相关信息，收集任务资料 4. 指导学生完成工作页 5. 检查学生任务完成情况和成果 6. 对学生学习过程进行评价	1. 汽车发动机配气正时的定义、正时机构的分类及各种分类的优缺点 2. 汽车发动机配气相位的定义、转角含义及配气相位图 3. 汽车发动机正时机构故障的检修方法 4. 汽车发动机正时传动带的检查与更换 5. 汽车发动机正时链条的检查与更换	1. 工作页 2. 维修手册 3. 操作视频 4. 互联网 5. 世界技能大赛汽车技术项目标准	1. 工作页 2. 阅读与查询能力 3. 专业术语 4. 表达方法 5. 小组活动 6. 6S 管理	2	实训车间

续表

教学活动	学生学习活动	教师活动	学习内容	资源	评价点	学时	地点
学习活动3：凸轮轴的检查与更换	1. 以情景模拟的形式，导入本次活动的学习目标 2. 学习汽车发动机凸轮轴的作用与结构 3. 学习汽车发动机凸轮轴故障的检修方法 4. 完成汽车发动机凸轮轴的检查与更换 5. 自评、小组互评	1. 工作页准备和发放 2. 讲解工作页要求 3. 布置工作页相关信息，收集任务资料 4. 指导学生完成工作页 5. 检查学生任务完成情况和成果 6. 对学生学习过程进行评价	1. 汽车发动机凸轮轴的作用与结构 2. 汽车发动机凸轮轴故障的检修方法 3. 汽车发动机凸轮轴的检查与更换	1. 工作页 2. 维修手册 3. 操作视频 4. 互联网 5. 世界技能大赛汽车技术项目标准	1. 工作页 2. 阅读与查询能力 3. 专业术语 4. 表达方法 5. 小组活动 6. 6S 管理	4	实训车间
学习活动4：气缸盖的检查与更换	1. 以情景模拟的形式，导入本次活动的学习目标 2. 学习汽车发动机气缸盖的作用、结构及分类 3. 学习汽车发动机气缸盖故障的检修方法 4. 完成汽车发动机气缸盖的检查与更换	1. 工作页准备和发放 2. 讲解工作页要求 3. 布置工作页相关信息，收集任务资料 4. 指导学生完成工作页 5. 检查学生任务完成情况和成果 6. 对学生学习过程进行评价	1. 汽车发动机气缸盖的作用、结构及分类 2. 汽车发动机气缸盖故障的检修方法 3. 汽车发动机气缸盖的检查与更换	1. 工作页 2. 维修手册 3. 操作视频 4. 互联网 5. 世界技能大赛汽车技术项目标准	1. 工作页 2. 阅读与查询能力 3. 专业术语 4. 表达方法 5. 小组活动 6. 6S 管理	2	实训车间
学习活动5：气门组的检查与更换	1. 以情景模拟的形式，导入本次活动的学习目标 2. 学习汽车发动机气门组的作用和气门的工作条件 3. 学习汽车发动机气门组故障的检修方法 4. 完成汽车发动机气门组的检查与更换	1. 工作页准备和发放 2. 讲解工作页要求 3. 布置工作页相关信息，收集任务资料 4. 指导学生完成工作页 5. 检查学生任务完成情况和成果 6. 对学生学习过程进行评价	1. 汽车发动机气门组的作用和气门的工作条件 2. 汽车发动机气门组故障的检修方法 3. 汽车发动机气门组的检查与更换	1. 工作页 2. 维修手册 3. 操作视频 4. 互联网 5. 世界技能大赛汽车技术项目标准	1. 工作页 2. 阅读与查询能力 3. 专业术语 4. 表达方法 5. 小组活动 6. 6S 管理	2	实训车间

续表

教学活动	学生学习活动	教师活动	学习内容	资源	评价点	学时	地点
学习活动 6：气缸密封性的检测	1. 以情景模拟的形式，导入本次活动的学习目标 2. 学习汽车发动机气缸压缩压力的定义 3. 学习汽车发动机气缸压力表和气缸漏气率检测仪的组成及使用方法 4. 学习汽车发动机气缸密封不良的检修方法 5. 完成汽车发动机气缸压力的检测 6. 完成汽车发动机气缸漏气率的检测	1. 工作页准备和发放 2. 讲解工作页要求 3. 布置工作页相关信息，收集任务资料 4. 指导学生完成工作页 5. 检查学生任务完成情况和成果 6. 对学生学习过程进行评价	1. 汽车发动机气缸压缩压力的定义 2. 汽车发动机气缸压力表和气缸漏气率检测仪的组成及使用方法 3. 汽车发动机气缸密封不良的检修方法 4. 汽车发动机气缸压力的检测 5. 汽车发动机气缸漏气率的检测	1. 工作页 2. 维修手册 3. 操作视频 4. 互联网 5. 世界技能大赛汽车技术项目标准	1. 工作页 2. 阅读与查询能力 3. 专业术语 4. 表达方法 5. 小组活动 6. 6S 管理	4	实训车间
学习活动 7：气门间隙的检测与调整	1. 以情景模拟的形式，导入本次活动的学习目标 2. 学习汽车发动机气门间隙的定义和作用 3. 学习汽车发动机气门间隙不合适的检修方法 4. 完成汽车发动机气门间隙的检测与调整	1. 工作页准备和发放 2. 讲解工作页要求 3. 布置工作页相关信息，收集任务资料 4. 指导学生完成工作页 5. 检查学生任务完成情况和成果 6. 对学生学习过程进行评价	1. 汽车发动机气门间隙的定义和作用 2. 汽车发动机气门间隙不合适的检修方法 3. 汽车发动机气门间隙的检测与调整	1. 工作页 2. 维修手册 3. 操作视频 4. 互联网 5. 世界技能大赛汽车技术项目标准	1. 工作页 2. 阅读与查询能力 3. 专业术语 4. 表达方法 5. 小组活动 6. 6S 管理	2	实训车间
学习活动 8：工作总结与评价	1. 现场展示学习成果并进行总结 2. 现场讨论汽车发动机动力不足故障 3. 自评、小组互评 4. 正确完成工作页	1. 指导学生总结、表述 2. 对学生学习环节综合评价 3. 对学生学习环节整体评价	1. 自我总结 2. 表述方法	工作页	1. 体验总结 2. 表达方法 3. 工作页	2	一体化教室

附表3 汽车发动机异响故障检修学习任务设计方案

专业名称	汽车维修	一体化课程名称	汽车发动机简单故障检修
学习任务	汽车发动机异响故障检修	授课时	20学时
工作情境描述	一车辆在行驶过程中发动机发出异常的声音，车主将该车辆送入维修站维修，经维修技师检查，初步判断为发动机异响故障。汽车维修人员需要根据维修手册的相关要求，在规定时间内完成发动机曲柄连杆机构的检查与零部件的更换，完成后交付验收		
学习情境描述	在学习活动1中，学生在教师的引导下，学习汽车发动机曲柄连杆机构的作用、组成及工作原理，在实际车辆或发动机台架上认识汽车发动机曲柄连杆机构各组成零部件的名称、作用和安装位置，掌握汽车发动机曲柄连杆机构常见故障，为后续学习活动打下良好的理论基础 在学习活动2中，学生在教师的引导下，学习活塞连杆组的作用、组成以及活塞各组成部分的作用及常见活塞类型，正确判断活塞连杆组故障，按照维修标准流程完成汽车发动机活塞连杆组的检查与更换 在学习活动3中，学生在教师的引导下，学习曲轴飞轮组的作用、组成及曲轴的组成，正确判断曲轴飞轮组故障，按照维修标准流程完成汽车发动机曲轴飞轮组的检查与更换 在学习活动4中，学生在教师的引导下，学习气缸体的作用、组成、制造材料和分类，正确判断气缸体故障，按照维修标准流程完成汽车发动机气缸体的检查 在学习活动5中，学生总结本次工作经验，并对学习活动成果进行正确评价 在学习过程中，学生能按教师的要求严格执行每个工作步骤，证明学生已掌握汽车发动机异响故障检修的工作步骤、工作思路和工作方法		
与其他任务的关系	该学习任务是汽车发动机简单故障检修一体化课程的第六个任务，进行此学习任务，为解决该课程综合性、复杂性问题打下基础		
学生基础	具有车辆维修手册和维修资料的基本阅读能力；具有一定的安全文明生产意识、团队沟通合作意识、环保管理习惯、6S管理习惯等		
学习目标	1. 能描述曲柄连杆机构的作用、组成及工作原理，明确汽车发动机异响故障的检修内容、检修流程及检修方法 2. 能描述活塞连杆组的作用和组成，正确判断活塞连杆组故障，并能进行活塞连杆组的检查与更换 3. 能描述曲轴飞轮组的作用和组成，正确判断曲轴飞轮组故障，并能进行曲轴飞轮组的检查与更换 4. 能描述气缸体的作用、组成、制造材料和分类，正确判断气缸体故障，正确使用量缸表进行气缸体的检查 5. 能对维修场地的相关设备进行日常维护与保养，按6S管理规定清理现场 6. 能对相关资料、互联网资源进行检索，完成维修工单、工作页的填写 7. 能展示工作成果，进行任务评价，总结工作经验，优化检修方案 8. 能在作业过程中严格执行企业操作规范、安全生产制度、环保管理制度，严格遵守从业人员的职业道德，具有吃苦耐劳、爱岗敬业的工作态度和职业责任感		

续表

学习内容	1. 汽车发动机曲柄连杆机构的认知 2. 汽车发动机活塞连杆组的检查与更换 3. 汽车发动机曲轴飞轮组的检查与更换 4. 汽车发动机气缸体的检查
教学条件	1. 教学场地：教室、多媒体教室、实训车间 2. 设备：车辆、汽车发动机实训台架、多媒体设备等 3. 工具：通用工具、汽车发动机维修专用工具 4. 防护用品：防护眼镜、抹布、工作服、工作帽 5. 资料：工作页、维修手册、评价表、安全操作规程等 6. 材料：修理包、汽车专用清洗剂、零件、配件等
教学组织形式	1. 根据学习任务活动内容和班级人数，进行小组分工，并确定负责人 2. 根据学习任务活动环节，积极引导学生分析学习任务，明确学习重点和难点 3. 对学习活动中的重点和难点，教师进行分析、操作演示和现场指导，帮助学生掌握 4. 以情景模拟的形式，教师安排学生扮演角色，从资料室领取相关维修手册、工量具等 5. 能根据检修要求，小组合作完成汽车发动机曲柄连杆机构主要零部件的检修 6. 以情景模拟的形式，教师安排学生扮演角色，严格按照6S管理要求，清扫、整理、维护和保养实训车辆、实训台架等设备 7. 教师组织学生以小组或个人形式进行分析和总结，汇报学习成果
教学流程与活动	1. 曲柄连杆机构的认知（2学时） 2. 活塞连杆组的检查与更换（6学时） 3. 曲轴飞轮组的检查与更换（6学时） 4. 气缸体的检查（4学时） 5. 工作总结与评价（2学时）
评价内容与标准	1. 能完成汽车发动机异响故障检修工作页中的问题 2. 能按维修标准完成汽车发动机曲柄连杆机构各零部件的拆装工作 3. 能在规定时间内，使用维修设备、工量具，按照制订的维修方案，排除汽车发动机异响故障 4. 能自觉遵守实训车间安全操作规定、安全生产制度、环保管理制度、6S管理规定等规章制度 5. 能正确进行实训车辆、实训台架的保养和维护 6. 能服从安排，具备从业人员的责任感、团队沟通合作等职业素养

附表 4　汽车发动机异响故障检修教学活动策划表

教学活动	学生学习活动	教师活动	学习内容	资源	评价点	学时	地点
学习活动 1：曲柄连杆机构的认知	1. 以情景模拟的形式，导入本次活动的学习目标 2. 学习汽车发动机曲柄连杆机构的作用、组成及工作原理 3. 学习汽车发动机曲柄连杆机构各组成零部件的作用及安装位置 4. 学习汽车发动机曲柄连杆机构的故障分析方法 5. 自评、小组互评	1. 工作页准备和发放 2. 讲解工作页要求 3. 布置工作页相关信息，收集任务资料 4. 指导学生完成工作页 5. 检查学生任务完成情况和成果 6. 对学生学习过程进行评价	1. 曲柄连杆机构的作用、组成及工作原理 2. 认知实训车辆或实训台的曲柄连杆机构 3. 汽车发动机异响故障分析	1. 工作页 2. 维修手册 3. 知识点视频 4. 互联网 5. 世界技能大赛汽车技术项目标准	1. 工作页 2. 阅读与查询能力 3. 专业术语 4. 表达方法 5. 小组活动	2	一体化教室
学习活动 2：活塞连杆组的检查与更换	1. 以情景模拟的形式，导入本次活动的学习目标 2. 学习汽车发动机活塞连杆组的作用和组成 3. 学习汽车发动机活塞连杆组中活塞各组成部分的作用及常见活塞类型 4. 学习汽车发动机活塞连杆组故障的检修方法 5. 完成汽车发动机活塞连杆组的检查与更换 6. 自评、小组互评	1. 工作页准备和发放 2. 讲解工作页要求 3. 布置工作页相关信息，收集任务资料 4. 指导学生完成工作页 5. 检查学生任务完成情况和成果 6. 对学生学习过程进行评价	1. 汽车发动机活塞连杆组的作用和组成 2. 汽车发动机活塞连杆组中活塞各组成部分的作用及常见活塞类型 3. 汽车发动机活塞连杆组故障的检修方法 4. 汽车发动机活塞连杆组的检查与更换	1. 工作页 2. 维修手册 3. 操作视频 4. 互联网 5. 世界技能大赛汽车技术项目标准	1. 工作页 2. 阅读与查询能力 3. 专业术语 4. 表达方法 5. 小组活动 6. 6S 管理	6	实训车间

续表

教学活动	学生学习活动	教师活动	学习内容	资源	评价点	学时	地点
学习活动 3：曲轴飞轮组的检查与更换	1. 以情景模拟的形式，导入本次活动的学习目标 2. 学习汽车发动机曲轴飞轮组的作用和组成 3. 学习汽车发动机曲轴飞轮组中曲轴的组成 4. 学习汽车发动机曲轴飞轮组故障的检修方法 5. 完成汽车发动机曲轴飞轮组的检查与更换 6. 自评、小组互评	1. 工作页准备和发放 2. 讲解工作页要求 3. 布置工作页相关信息，收集任务资料 4. 指导学生完成工作页 5. 检查学生任务完成情况和成果 6. 对学生学习过程进行评价	1. 汽车发动机曲轴飞轮组的作用和组成 2. 汽车发动机曲轴飞轮组中曲轴的组成 3. 汽车发动机曲轴飞轮组故障的检修方法 4. 汽车发动机曲轴飞轮组的检查与更换	1. 工作页 2. 维修手册 3. 操作视频 4. 互联网 5. 世界技能大赛汽车技术项目标准	1. 工作页 2. 阅读与查询能力 3. 专业术语 4. 表达方法 5. 小组活动 6. 6S 管理	6	实训车间
学习活动 4：气缸体的检查	1. 以情景模拟的形式，导入本次活动的学习目标 2. 学习汽车发动机气缸体的作用、组成、制造材料和分类 3. 学习量缸表的组成、安装及使用方法 4. 学习汽车发动机气缸体故障的检修方法 5. 完成汽车发动机气缸体的检查	1. 工作页准备和发放 2. 讲解工作页要求 3. 布置工作页相关信息，收集任务资料 4. 指导学生完成工作页 5. 检查学生任务完成情况和成果 6. 对学生学习过程进行评价	1. 汽车发动机气缸体的作用、组成、制造材料和分类 2. 量缸表的组成、安装及使用方法 3. 汽车发动机气缸体故障的检修方法 4. 汽车发动机气缸体的检查	1. 工作页 2. 维修手册 3. 操作视频 4. 互联网 5. 世界技能大赛汽车技术项目标准	1. 工作页 2. 阅读与查询能力 3. 专业术语 4. 表达方法 5. 小组活动 6. 6S 管理	4	实训车间
学习活动 5：工作总结与评价	1. 现场展示学习成果并进行总结 2. 现场讨论汽车发动机异响故障 3. 自评、小组互评 4. 正确完成工作页	1. 指导学生总结、表述 2. 对学生学习环节综合评价 3. 对学生学习环节整体评价	1. 自我总结 2. 表述方法	工作页	1. 体验总结 2. 表达方法 3. 工作页	2	一体化教室

附表 5　汽车发动机机油警告灯亮故障检修学习任务设计方案

专业名称	汽车维修	一体化课程名称	汽车发动机简单故障检修
学习任务	汽车发动机机油警告灯亮故障检修	授课时数	20 学时
工作情境描述	一辆丰田凯美瑞轿车在行驶过程中出现发动机机油警告灯点亮的现象，且发动机舱发出尖锐的声音，车主将该车辆送入维修站维修，经维修技师检查，初步判断为发动机润滑系统故障。汽车维修人员需要根据维修手册的相关要求，在规定时间内完成发动机润滑系统的检查与零部件的更换，完成后交付验收		
学习情境描述	在学习活动 1 中，学生在教师的引导下，学习汽车发动机润滑系统的作用、结构、类型及工作原理，在实际车辆或台架上认识汽车发动机润滑系统各组成零部件的名称、作用和安装位置，掌握汽车发动机润滑系统常见故障，为后续学习活动打下良好的理论基础 在学习活动 2 中，学生在教师的引导下，学习汽车发动机机油的作用和牌号，以及机油滤清器的结构和作用，分析造成机油漏油的原因，按照维修标准流程完成汽车发动机机油及机油滤清器的检查及更换工作 在学习活动 3 中，学生在教师的引导下，学习汽车发动机机油压力传感器的作用和工作原理，分析造成机油压力异常的原因，按照维修标准流程完成汽车发动机机油压力的检测 在学习活动 4 中，学生在教师的引导下，学习汽车发动机润滑系统中机油泵的类型、特点、结构和工作原理，分析机油泵损坏对发动机的影响，按照维修标准流程完成汽车发动机机油泵的检查与更换 在学习活动 5 中，学生总结本次工作经验，并对学习活动成果进行正确评价 在学习过程中，学生能按教师的要求严格执行每个工作步骤，证明学生已掌握汽车发动机机油警告灯亮故障检修的工作步骤、工作思路和工作方法		
与其他任务的关系	该学习任务是汽车发动机简单故障检修一体化课程的第七个任务，进行此学习任务，为解决该课程综合性、复杂性问题打下基础		
学生基础	具有车辆维修手册和维修资料的基本阅读能力；具有一定的安全文明生产意识、团队沟通合作意识、环保管理习惯、6S 管理习惯等		
学习目标	1. 能描述润滑系统作用、结构、类型及工作原理，明确汽车发动机机油警告灯亮故障的检修内容、检修流程及检修方法 2. 能描述机油的作用和牌号、机油滤清器的结构和作用，分析造成机油漏油的原因，并能进行机油及机油滤清器的检查与更换 3. 能描述机油压力传感器的作用和工作原理，分析造成机油压力异常的原因，正确使用机油压力表检测机油的压力，并根据机油压力的检测结果，选用合适的方法排除机油压力异常故障 4. 能描述机油泵的类型、特点、结构和工作原理，分析机油泵损坏对发动机的影响，并能进行机油泵的检查与更换 5. 能对维修场地的相关设备进行日常维护与保养，按 6S 管理规定清理现场 6. 能对相关资料、互联网资源进行检索，完成维修工单、工作页的填写 7. 能展示工作成果，进行任务评价，总结工作经验，优化检修方案 8. 能在作业过程中严格执行企业操作规范、安全生产制度、环保管理制度，严格遵守从业人员的职业道德，具有吃苦耐劳、爱岗敬业的工作态度和职业责任感		

续表

学习内容	1．汽车发动机润滑系统的认知 2．汽车发动机机油及机油滤清器的检查与更换 3．汽车发动机机油压力的检测 4．汽车发动机机油泵的检查与更换
教学条件	1．教学场地：教室、多媒体教室、实训车间 2．设备：车辆、汽车发动机实训台架、多媒体设备等 3．工具：通用工具、汽车发动机维修专用工具 4．防护用品：防护眼镜、抹布、工作服、工作帽 5．资料：工作页、维修手册、评价表、安全操作规程等 6．材料：修理包、汽车专用清洗剂、零件、配件等
教学组织形式	1．根据学习任务活动内容和班级人数，进行小组分工，并确定负责人 2．根据学习任务活动环节，积极引导学生分析学习任务，明确学习重点和难点 3．对学习活动中的重点和难点，教师进行分析、操作演示和现场指导，帮助学生掌握 4．以情景模拟的形式，教师安排学生扮演角色，从资料室领取相关维修手册、工量具等 5．能根据检修要求，小组合作完成汽车发动机润滑系统主要零部件的检修 6．以情景模拟的形式，教师安排学生扮演角色，严格按照6S管理要求，清扫、整理、维护和保养实训车辆、实训台架等设备 7．教师组织学生以小组或个人形式进行分析和总结，汇报学习成果
教学流程与活动	1．润滑系统的认知（2学时） 2．机油及机油滤清器的检查与更换（6学时） 3．机油压力的检测（4学时） 4．机油泵的检查与更换（6学时） 5．工作总结与评价（2学时）
评价内容与标准	1．能完成汽车发动机机油警告灯亮故障检修工作页中的问题 2．能按维修标准完成汽车发动机润滑系统各零部件的拆装工作 3．能在规定时间内，使用维修设备、工量具，按照制订的维修方案，排除汽车发动机机油警告灯亮故障 4．能自觉遵守实训车间安全操作规定、安全生产制度、环保管理制度、6S管理规定等规章制度 5．能正确进行实训车辆、实训台架的保养和维护 6．能服从安排，具备从业人员的责任感、团队沟通合作等职业素养

附表 6　汽车发动机机油警告灯亮故障检修教学活动策划表

教学活动	学生学习活动	教师活动	学习内容	资源	评价点	学时	地点
学习活动 1：润滑系统的认知	1. 以情景模拟的形式，导入本次活动的学习目标 2. 学习汽车发动机润滑系统的作用和工作原理 3. 学习汽车发动机润滑系统的结构、类型和各组成零部件的安装位置 4. 学习汽车发动机润滑系统的故障分析方法 5. 自评、小组互评	1. 工作页准备和发放 2. 讲解工作页要求 3. 布置工作页相关信息，收集任务资料 4. 指导学生完成工作页 5. 检查学生任务完成情况和成果 6. 对学生学习过程进行评价	1. 汽车发动机润滑系统的作用和工作原理 2. 汽车发动机润滑系统的结构 3. 汽车发动机润滑系统的类型 4. 认知实训车辆或实训台的发动机润滑系统 5. 汽车发动机机油警告灯亮故障分析	1. 工作页 2. 维修手册 3. 知识点视频 4. 互联网 5. 世界技能大赛汽车技术项目标准	1. 工作页 2. 阅读与查询能力 3. 专业术语 4. 表达方法 5. 小组活动	2	一体化教室
学习活动 2：机油及机油滤清器的检查与更换	1. 以情景模拟的形式，导入本次活动的学习目标 2. 学习汽车发动机机油的作用和牌号 3. 学习汽车发动机机油滤清器的结构和作用 4. 学习汽车发动机机油及机油滤清器的检修方法 5. 完成汽车发动机机油及机油滤清器的检查与更换 6. 自评、小组互评	1. 工作页准备和发放 2. 讲解工作页要求 3. 布置工作页相关信息，收集任务资料 4. 指导学生完成工作页 5. 检查学生任务完成情况和成果 6. 对学生学习过程进行评价	1. 汽车发动机机油的作用与牌号 2. 汽车发动机机油滤清器的结构和作用 3. 汽车发动机机油及机油滤清器的检修方法 4. 汽车发动机机油及机油滤清的检查与更换	1. 工作页 2. 维修手册 3. 知识点视频 4. 互联网 5. 世界技能大赛汽车技术项目标准	1. 工作页 2. 阅读与查询能力 3. 专业术语 4. 表达方法 5. 小组活动 6. 6S 管理	6	实训车间

续表

教学活动	学生学习活动	教师活动	学习内容	资源	评价点	学时	地点
学习活动3：机油压力的检测	1. 以情景模拟的形式，导入本次活动的学习目标 2. 学习汽车发动机机油压力传感器的作用和工作原理 3. 学习汽车发动机机油压力表的组成及使用方法 4. 学习汽车发动机机油压力异常故障的检修方法 5. 完成汽车发动机机油压力的检测 6. 自评、小组互评	1. 工作页准备和发放 2. 讲解工作页要求 3. 布置工作页相关信息，收集任务资料 4. 指导学生完成工作页 5. 检查学生任务完成情况和成果 6. 对学生学习过程进行评价	1. 汽车发动机机油压力传感器的作用和工作原理 2. 汽车发动机机油压力表的组成及使用 3. 汽车发动机机油压力异常故障的检修方法 4. 检测汽车发动机机油压力	1. 工作页 2. 维修手册 3. 知识点视频 4. 互联网 5. 世界技能大赛汽车技术项目标准	1. 工作页 2. 阅读与查询能力 3. 专业术语 4. 表达方法 5. 小组活动 6. 6S管理	4	实训车间
学习活动4：机油泵的检查与更换	1. 以情景模拟的形式，导入本次活动的学习目标 2. 学习汽车发动机机油泵的类型、结构和工作原理 3. 学习汽车发动机机油泵故障的检修方法 4. 完成汽车发动机机油泵的检查与更换 5. 自评、小组互评	1. 工作页准备和发放 2. 讲解工作页要求 3. 布置工作页相关信息，收集任务资料 4. 指导学生完成工作页 5. 检查学生任务完成情况和成果 6. 对学生学习过程进行评价	1. 汽车发动机机油泵的类型、结构和工作原理 2. 汽车发动机机油泵故障的检修方法 3. 汽车发动机机油泵的检查与更换	1. 工作页 2. 维修手册 3. 操作视频 4. 互联网 5. 世界技能大赛汽车技术项目标准	1. 工作页 2. 阅读与查询能力 3. 专业术语 4. 表达方法 5. 小组活动 6. 6S管理	6	实训车间
学习活动5：工作总结与评价	1. 现场展示学习成果并进行总结 2. 现场讨论汽车发动机机油警告灯亮故障 3. 自评、小组互评 4. 正确完成工作页	1. 指导学生总结、表述 2. 对学生学习环节综合评价 3. 对学生学习环节整体评价	1. 自我总结 2. 表述方法	工作页	1. 体验总结 2. 表达方法 3. 工作页	2	一体化教室

附表 7　汽车发动机故障警告灯亮故障检修学习任务设计方案

专业名称	汽车维修	一体化课程名称	汽车发动机简单故障检修
学习任务	汽车发动机故障警告灯亮故障检修	授课时数	20 学时
工作情境描述	一辆丰田卡罗拉轿车在行驶过程中，发动机的故障警告灯总是点亮，拆下蓄电池负极接线，隔两分钟后再将其连接好，故障警告灯熄灭，可是第二天故障警告灯又亮了，车主将该车辆送入维修站维修，经维修技师检查，初步判断为电控系统故障。汽车维修人员需要根据维修手册的相关要求，在规定时间内完成电控系统的检查与零部件的更换，完成后交付验收		
学习情境描述	在学习活动 1 中，学生在教师的引导下，学习汽车发动机电控系统的作用、组成和工作过程，在实际车辆或发动机台架上认识汽车发动机电控系统各组成零部件的名称、作用和安装位置，掌握汽车发动机电控系统常见故障，为后续学习活动打下良好的理论基础 在学习活动 2 中，学生在教师的引导下，学习汽车发动机电控系统常用传感器的作用、类型及组成，正确判断传感器故障，按照维修标准流程完成汽车发动机电控系统常用传感器的检查与更换 在学习活动 3 中，学生在教师的引导下，学习汽车发动机电控系统常用执行器的分类、作用及组成，正确判断执行器故障，按照维修标准流程完成汽车发动机电控系统常用执行器的检查与更换 在学习活动 4 中，学生在教师的引导下，学习汽车发动机电控单元的结构和工作过程，正确判断电控单元故障，按照维修标准流程完成汽车发动机电控单元的检查与更换 在学习活动 5 中，学生总结本次工作经验，并对学习活动成果进行正确评价 在学习过程中，学生能按教师的要求严格执行每个工作步骤，证明学生已掌握汽车发动机故障警告灯亮故障检修的工作步骤、工作思路和工作方法		
与其他任务的关系	该学习任务是汽车发动机简单故障检修一体化课程的第八个任务，进行此学习任务，为解决该课程综合性、复杂性问题打下基础		
学生基础	具有车辆维修手册和维修资料的基本阅读能力；具有一定的安全文明生产意识、团队沟通合作意识、环保管理习惯、6S 管理习惯等		
学习目标	1．能描述电控系统的作用、组成和工作过程，明确汽车发动机故障警告灯亮故障的检修内容、检修流程及检修方法 2．能正确使用汽车故障诊断仪读取故障码和清除故障码 3．能描述电控系统常用传感器的作用、类型及组成，正确判断传感器故障，并能进行传感器的检查与更换 4．能描述电控系统常用执行器的分类、作用及组成，正确判断执行器故障，并能进行执行器的检查与更换 5．能描述电控单元的结构和工作过程，正确判断电控单元故障，并能进行电控单元的检查与更换 6．能对维修场地的相关设备进行日常维护与保养，按 6S 管理规定清理现场 7．能对相关资料、互联网资源进行检索，完成维修工单、工作页的填写 8．能展示工作成果，进行任务评价，总结工作经验，优化检修方案 9．能在作业过程中严格执行企业操作规范、安全生产制度、环保管理制度，严格遵守从业人员的职业道德，具有吃苦耐劳、爱岗敬业的工作态度和职业责任感		

续表

学习内容	1．汽车发动机电控系统的认知 2．汽车发动机常用传感器的检查与更换 3．汽车发动机常用执行器的检查与更换 4．汽车发动机电控单元的检查与更换
教学条件	1．教学场地：教室、多媒体教室、实训车间 2．设备：车辆、汽车电控发动机系统实训台架、多媒体设备等 3．工具：通用工具、汽车故障诊断仪等专用工具 4．防护用品：防护眼镜、抹布、工作服、工作帽 5．资料：工作页、维修手册、评价表、安全操作规程等 6．材料：汽车熔丝、继电器、导线、传感器、执行器等
教学组织形式	1．根据学习任务活动内容和班级人数，进行小组分工，并确定负责人 2．根据学习任务活动环节，积极引导学生分析学习任务，明确学习重点和难点 3．对学习活动中的重点和难点，教师进行分析、操作演示和现场指导，帮助学生掌握 4．以情景模拟的形式，教师安排学生扮演角色，从资料室领取相关维修手册、工量具等 5．能根据检修要求，小组合作完成汽车发动机电控系统主要零部件的检修 6．以情景模拟的形式，教师安排学生扮演角色，严格按照6S管理要求，清扫、整理、维护和保养实训车辆、实训台架等设备 7．教师组织学生以小组或个人形式进行分析和总结，汇报学习成果
教学流程与活动	1．电控系统的认知（2学时） 2．传感器的检查与更换（6学时） 3．执行器的检查与更换（6学时） 4．电控单元的检查与更换（4学时） 5．工作总结与评价（2学时）
评价内容与标准	1．能完成汽车发动机故障警告灯亮故障检修工作页中的问题 2．能按维修标准完成汽车发动机电控系统各零部件的拆装工作 3．能在规定时间内，使用维修设备、工量具，按照制订的维修方案，排除汽车发动机故障警告灯亮故障 4．能自觉遵守实训车间安全操作规定、安全生产制度、环保管理制度、6S管理规定等规章制度 5．能正确进行实训车辆、实训台架的保养和维护 6．能服从安排，具备从业人员的责任感、团队沟通合作等职业素养

附表 8　汽车发动机故障警告灯亮故障检修教学活动策划表

教学活动	学生学习活动	教师活动	学习内容	资源	评价点	学时	地点
学习活动 1：电控系统的认知	1．以情景模拟的形式，导入本次活动的学习目标 2．学习汽车发动机电控系统的作用、组成和工作过程 3．学习汽车发动机电控系统各零部件的安装位置 4．学习汽车发动机电控系统的故障分析方法 5．自评、小组互评	1．工作页准备和发放 2．讲解工作页要求 3．布置工作页相关信息，收集任务资料 4．指导学生完成工作页 5．检查学生任务完成情况和成果 6．对学生学习过程进行评价	1．汽车发动机电控系统的作用、组成和工作过程 2．认知实训车辆或实训台的发动机电控系统 3．汽车发动机故障警告灯亮故障分析	1．工作页 2．维修手册 3．知识点视频 4．互联网	1．工作页 2．阅读与查询能力 3．专业术语 4．表达方法 5．小组活动	2	一体化教室
学习活动 2：传感器的检查与更换	1．以情景模拟的形式，导入本次活动的学习目标 2．学习汽车发动机电控系统常用传感器的作用、类型及组成 3．学习汽车故障诊断仪的组成及使用方法 4．学习汽车发动机电控系统常用传感器故障的检修方法 5．完成汽车发动机电控系统常用传感器的检查与更换 6．自评、小组互评	1．工作页准备和发放 2．讲解工作页要求 3．布置工作页相关信息，收集任务资料 4．指导学生完成工作页 5．检查学生任务完成情况和成果 6．对学生学习过程进行评价	1．汽车发动机电控系统常用传感器的作用、类型及组成 2．汽车故障诊断仪的组成及使用 3．汽车发动机电控系统常用传感器故障的检修方法 4．汽车发动机电控系统常用传感器的检查与更换	1．工作页 2．维修手册 3．知识点视频 4．互联网 5．世界技能大赛汽车技术项目标准	1．工作页 2．阅读与查询力 3．专业术语 4．表达方法 5．小组活动 6．6S 管理	6	实训车间

续表

教学活动	学生学习活动	教师活动	学习内容	资源	评价点	学时	地点
学习活动3：执行器的检查与更换	1．以情景模拟的形式，导入本次活动的学习目标 2．学习汽车发动机电控系统常用执行器的分类、作用及组成 3．学习汽车发动机电控系统常用执行器故障的检修方法 4．完成汽车发动机电控系统常用执行器的检查与更换 5．自评、小组互评	1．工作页准备和发放 2．讲解工作页要求 3．布置工作页相关信息，收集任务资料 4．指导学生完成工作页 5．检查学生任务完成情况和成果 6．对学生学习过程进行评价	1．汽车发动机电控系统常用执行器的分类、作用及组成 2．汽车发动机电控系统常用执行器故障的检修方法 3．汽车发动机电控系统常用执行器的检查与更换	1．工作页 2．维修手册 3．知识点视频 4．互联网 5．世界技能大赛汽车技术项目标准	1．工作页 2．阅读与查询力 3．专业术语 4．表达方法 5．小组活动 6．6S 管理	6	实训车间
学习活动4：电控单元的检查与更换	1．以情景模拟的形式，导入本次活动的学习目标 2．学习汽车发动机电控单元的结构和工作过程 3．学习汽车发动机电控单元故障的检修方法 4．完成汽车发动机电控单元的检查与更换 5．自评、小组互评	1．工作页准备和发放 2．讲解工作页要求 3．布置工作页相关信息，收集任务资料 4．指导学生完成工作页 5．检查学生任务完成情况和成果 6．对学生学习过程进行评价	1．汽车发动机电控单元的结构和工作过程 2．汽车发动机电控单元故障的检修方法 3．汽车发动机电控单元的检查与更换	1．工作页 2．维修手册 3．知识点视频 4．互联网 5．世界技能大赛汽车技术项目标准	1．工作页 2．阅读与查询力 3．专业术语 4．表达方法 5．小组活动 6．6S 管理	4	实训车间
学习活动5：工作总结与评价	1．现场展示学习成果并进行总结 2．现场讨论汽车发动机故障警告灯亮故障 3．自评、小组互评 4．正确完成工作页	1．指导学生总结、表述 2．对学生学习环节综合评价 3．对学生学习环节整体评价	1．自我总结 2．表述方法	工作页	1．体验总结 2．表达方法 3．工作页	2	一体化教室